KB099785

# 1장

## 우리를 비추는

# 우리를 바꾸는 힘

정치와 이솝 탐구

민음사

민음사

■ '정의란 무엇인가'를 애타게 찾았던 한국인들은
이제 '오징어 게임'에 열광한다. 사회가 전쟁터라는 사실에
눈물 겨워한 우리 한국인들. 이 '우리'에 성 소수자, 난민,
여성, 어린이는 포함되지 않는다. 오늘의 헌법이 이들을
나머지로 분리해서 보호하거나 차별하기로 약속할 때,
그럼 누가, 어떻게 '우리'의 정의를 다시 세워야 하는가?
헌법에서 드라마까지 함께 읽으면서 저자는 우리를
바꾸는 것은 결국 우리라는 것을 증명해 낸다.
— 원은지(『우리가 우리를 우리라고 부를 때』 공저자)


■ 민주주의가 파탄에 이르렀다는 진단이 흔한 오늘날
민주주의 사상의 한 축인 사회계약론을 진지하게 다루는
일은 피할 수 없다. 상대가 '약속을 위반했다'는 비난에만
열중할 뿐, 약속을 어떻게 갱신할지는 별 관심없는 우리
정치의 현실을 봐도 그렇다. 이 책은 중간고사를 위해
외워야 했던 홉스, 루소 등을 우리 일상 속에서 탁월하게
해석해 낸다. 이론과 현실이 만나는 현장으로 어서
들어가 보자.
— 김민하(『저쪽이 싫어서 투표하는 민주주의』 저자)

# 무기를 내려놓고
# 마주 앉자

우리는 약속을 맺고 계약을 지키며 살아간다. 매일 아침 정해진 시각에 학교나 직장에 가는 것은 약속을 지키는 행위다. 지옥철에 몸을 싣기 위해서는 큰 결심이 필요하다. 점심시간에 식당에서 음식을 사 먹거나 퇴근 후 물건을 사고 값을 지불하는 것 역시 재화와 서비스를 정해진 가격에 구매한다는 합의의 산물이다. 우리는 가격표를 보고 교환에 동의하거나 놀라서 가게를 뛰쳐나올 수 있다. 주말 친구와의 만남 역시 약속을 맺고 지키고 미루고 어기는 일들로 이루어진다. 당신의 노동 조건은 근로계약서에 명시된 바에 따른다. 은행에 돈을 맡기거나 보험에 들거나 인터넷 사이트에 가입할 때도 세세한 권리들이 적힌 계약에 서명한다.

약속이 명시적이고 정교한 계약의 언어를 통해서만 이루어지는 것은 아니다. 나의 경험에 따르면 몇몇 단어들의 첫 글자만 말하기 시작한 만 두 살의 아가도 약속의 의미를 안다. 나는 고향에 사는 조카가 빨간 헬리콥터가 나오는 영상을 즐겁게 시청하는 모습을 보고 빨간 헬리콥터 장난감을 하나 사 주겠다고 약속한 적 있다. 당시 나는 이 말이 어떤 의미에서 약속이라는 것을 인지하지 못했다. 그러다 다른 급한 일로 본가에 가게 된 어느 날 그 사실을 깨달았다. 집에 도착해 방에서 짐을 정리하고 있는데 갑자기 조카가 따라 들어와서는 내 가방을 가리키며 손으로 헬리콥터 모양을 하고 소리를 내는 것이 아닌가! 갸갸갸. 순간 등 뒤에서 식은땀이 흘렀다. 조카는 이렇게 말하고 있는 것 같았다.

"지난번에 약속한 것을 내어놓아라."

## 식은땀이 흐르는 순간

나는 아직 한국어를 자유롭게 사용하지 못하는 조카에게 심심한 사과를 표하고 빨간 헬리콥터를 사오지 못했다고 실토했다. 더듬더듬 나오는 말은 내가 듣기에도 조금 궁색했다. 조카는 상황을 이해하자마자 몸을 비틀며 시위했다. 나에게도 핑곗거리는 있었다. 조카가 영상물에서 본 것과 가장 유사한 헬리콥터 장난감을 온라인 쇼핑몰에서 찾았는데 색을 직접 선택할 수는 없었다. 약속한 빨간 헬리콥터를 구할 방법을 찾으며 차일피일 구매를 미루다가 이 사달이 난 것이었다. 아무튼 나는 다음번에 약속을 지키겠노라고 조카와 새로 약속했고, 이후 업체의 창고 매장까지 찾아가서 빨간 헬리콥터를 사는 데 성공했다.

어쩌면 식은땀이 난 순간 다른 선택을 할 수도 있었을 것이다. 나는 어른이고 조카는 아가이니 대충 말을 둘러대거나 어른의 힘을 과시할 수도 있고, 대수롭지 않게 여겨 뭉개 버릴 수도 있었다. 상황은 어른인 나에게 유리했다. 하지만 식은땀이 흘렀다는 사실을 스스로에게 숨길 수 없었기에 나는 다시 약속을 하고 지키는 쪽을 선택했다. 그 순간 나는 왜 당황했을까? 물론 내가 약속을 지키지 않았기 때문이다. 그런데 가만히 생각해 보면 약속을 지키지 못했다고 매번 식은땀을 흘리지는 않는다. 만약 그렇다면 우리는 이미 증발했을 것이다.

내가 순간 쩔쩔맨 이유는 나의 약속이 어른과 아이라는 서로 동등하지 못한 사이에서 맺은 약속이었기 때문일지 모른다. 약속이라는 행위는 그러한 관계에서도 동등함을 요구한다. 약속 안에서 우리는 그것을 지켜야만 하는 동등한 관계에 놓인다. 약속을 지키지 않는 선택지가 나에게 더 많은 것은 분명하지만, 약속 밖의 동등하지 못한 관계가 오히려 약속 지키기를 동등함의 징표처럼 만들어 버린다. 약속이 만들어 내는 이 아찔한 양면성이야말로 식은땀의 원인이다. 그때를 떠올리다가 나는 이런 생각에 이르렀다. 나와 한 약속을 지키지 않았던 어른들은 과연 식은땀을 흘렸을까?

　사회에서 맺는 여러 계약서는 갑과 을이 맺는 명시적인 상호 계약이다. 문서 위에서 두 사람은 동등한 권리의 주체로 서로를 대한다. 서명을 한 순간 계약이 성립하므로 우리는 서명을 거부하거나 서명을 하기 위해서 계약서의 이런저런 조항들을 새롭게 고치자고 이야기할 수 있다. 원칙적으로는 그렇다. 하지만 사회에서 맺는 약속과 계약은 거부할 수 없는 제안인 경우가 많다. 계약 내용을 고치자고 말하면 상대는 '네가 배가 부르구나.' 하면서 계약서를 봉투에 넣고 사라질 것만 같다.

## 약속을 지킨다는
## 윤리적 사건

거부할 수 없는 제안의 정점에 정치적 약속이 있다. 물건을 구입하는 일은 어느 정도 나의 선택의 결과다. 생필품이 아니라면 대개 문제는 사회가 아니라 내 물욕에 있다. 각자 처한 상황에 따라 선택지가 줄어들거나 늘어나기는 해도, 학교에 가는 것, 특정한 직장에 가는 것에도 사실 대안이 존재한다.

하지만 정치는 선택할 수 없다. 우리는 태어나면서부터 공동체에 속한다. 국적은 선택할 수 없다. 태어나면서 자신이 속할 공동체를 고를 수 있다면 한국은 조금은 한적한 나라가 되어 있을지 모른다. 이민을 떠난다고 해도 그곳에서 또 새로운 정치가 시작될 것이다. 그런 점에서는 이민 자체가 하나의 정치다. 그런데 정치도 약속이고 계약이라고? 이 정도면 태어나기를 잘못했다는 생각이 든다.

게다가 정치적으로 우리는 동등한 사람들이다. 시민인 나는 자유롭고 우리는 모두 평등하다. 내가 얼마나 부자인지 잘생겼는지 훌륭한지 혹은 재미있는지에 상관없이 나는 내 옆 사람과 동등한 정치적 권리를 누린단다. 하지만 현실에서는 분명

돈이 많거나 외모가 출중하거나 훌륭하거나 웃긴 사람들의 영향력이 그렇지 못한 사람들보다 크다. 그들은 더 많은 '좋아요'를 받는다. 사실 우리는 동등하지 않다. 마치 나와 조카처럼 말이다.

정치란 약속이다. 이 말은 우리가 태어난다는 자연스러운 일을 계약이라는 부자연스러운 일로 바꿔서 이해해 보자고 요청한다. 날 때부터 맺는 계약의 본질은 동등하지 못한 관계를 동등하게 만드는 데 있다. 약속의 매력은 식은땀이 나는 순간에 발휘된다. 약속을 맺은 우리는 서로에게 그것을 잘 지켰는지 확인하고 물을 수 있다. 그때 서로 약속을 잘 지키고 있다는 것을 확인할 수도 있고, 그렇지 못하다는 사실을 깨달을 수도 있다. 약속은 우리의 관계가 지닌 현실과 이상을 이어 주기도 하고, 반대로 약속을 맺는 이들 간의 힘의 차이를 선명하게 드러내기도 한다. 일상에서 약속을 지키는 일은 대개 약자의 몫이 된다.

더 큰 문제는 부당함을 눈치채고 계약서에 근거해 항의하거나 계약서를 아예 새롭게 써야 하는 순간에 일어난다. 계약서에는 분명 연말 보너스로 빨간 헬리콥터를 받기로 되어 있는데 그것은 영영 오지 않는다. 당신이 내년 설까지는 빨간 헬리콥터를 받기로 새롭게 계약서를 쓰자고 해야 하는 순간이다. 이때 당신의 갑은 식은땀을 흘릴까? 약속을 지키지 않은 어른들의 등을 일일이 확인하지 못했으므로 단언할 수는 없지만 아마 그랬으리라 생각한다. 그런데도 왜 새로운 약속은 맺어지지 못했을까?

식은땀이 나는 순간 우리는 서로의 힘과 위계를 확인한다. 이때 우리는 폭력을 사용할지 아니면 다시 새로운 약속을 맺을지 결정해야 한다. 식은땀이 드러내는 진실은 힘의 차이만은 아니다. 식은땀은 어떤 윤리적 감각의 결과다. 우리는 약속을 지킬 수도 있지만 어길 수도 있다. 힘이 센 사람에게는 약속을 어기는 쪽이 더 편한 선택일 수 있다. 그러므로 우리가 지킨 약속은 쉽든 어렵든 힘을 내서 노력한 결과다. 약속이란 우리가 동등하다는 사실을 드러내는 윤리적 사건인 셈이다. 약속은 언제나 아슬아슬하다. 정치가 단지 힘이나 폭력의 문제가 아니라 하나의 규범이 되게 만드는 힘이 여기에 있다.

## 사회계약론 이야기

이 책은 약속의 힘에 대해 이야기한다. 약속으로서의 정치는 동등한 우리를 만들어 가는 일이다.

정치를 약속으로 보는 이야기에 따르면 인간은 혼란스러운 다툼의 현장에서 약속을 맺고 국가와 사회를 만들었다. 약속을 맺기 전의 상태 즉 혼란스러운 다툼의 현장은 자연상태다. 자연상태에서 우리는 내가 가진 힘과 능력에만 의존한다. 아직 국가와 사회가 없으므로 나의 안녕은 내가 지켜야만 한다. 경찰도 군대도 없는 자연상태에서 우리는 언제나 서로가 서로를 의심하면서 저 인간이 내 안녕을 해칠 것만 같은 불안과 공포 속에 살아간다. 돈이 많거나 매력적이거나 훌륭한 사람들이라도 자신의 영향력만 믿고 편히 잘 수가 없다. 누구든 잠자는 나를 죽일 수 있기 때문이다. 나를 제외한 모두가 적이다. 사람들은 상시적인 전쟁상태에 놓여 있다. 그런데 누군가가 이 지긋지긋한 상태를 끝내기 위해 외친다. '나는 무기를 내려놓고 다른 존재가 되겠노라.'

이 이야기의 제목이 사회계약론이다. 무기를 내려놓기로 약속한 사람들이 점점 늘어갈 때 그들은 하나의 집단을 형성한다. 무리가 하나의 이름 아래 모인다. 그 이름은 바로 '우리 인민'이다. 인민(people)은 사람들의 집합이자 약속의 산물인 하나의 인격이다. 자연상태에서 저마다의 목소리가 전쟁으로 이어졌다면, 인민의 회합 아래 우리는 서로의 차이를 넘어 합의를 이뤄 낼 수 있다. 약속을 맺은 우리는 이제 모두 동등하다.

근대에 이르러 이러한 생각을 정교하게 구상한 사람들이 있다. 이들 사회계약론자들은 우리가 약속을 통해 하나의 몸을 지닌 사람으로 다시 탄생한다고 보았다. 인민이 된다는 것은 우리가 전혀 다른 상태로 변화한다는 뜻이다. 우리는 함께 행위하고 말하고 결정할 수 있는 주어가 된다. 헌법은 이 주어의 작품이며, '우리 대한국민'은 이 작품의 저자다. 이제 우리는 우리로서 우리 삶의 주인이 된다. 사회계약론자들은 이렇게 국민의 탄생과 기원을 탐구한 사람들이다.

그런데 앞서 보았듯 이 약속은 지켜지지 않는다. 힘이 센 사람들은 노골적으로, 때로는 교묘하게 우리가 사실은 같지 않다고 속삭이면서 내 팔을 비튼다. '그 말을 믿다니 순진하군.' 약속된 빨간 헬리콥터는 오지 않는다. 이제는 파란 헬리콥터든 뭐든 주면 그저 고마울 것 같다. 약속은 누군가에게는 여전히 거부할 수 없는 제안이다. 오늘날 많은 사람들이 겪고 있는 상황이 이와 같다.

우리는 함께 행위하고 말하고 결정하지 못한

다. 헌법의 저자이자 정치적 주체인 '우리'가 도대체 누구인지도 모르겠다. 심지어 국민이 주권자라고 이야기할 때조차 누군가 헌법을 들고 와서 다른 이야기를 할 수 있다. 누가 국민인지를 정하는 것은 결국 법률이라고, 법이 없다면 국민도 없다고 말이다. 우리가 법을 만든 게 아니라 법이 우리를 만들었다고? 모든 권력이 국민으로부터 나온다는 말은 허상에 지나지 않는 것일까?

이때 내 팔을 비틀고 있는 사람들에게 이렇게 말해 보면 어떨까? '약속한 것을 내놓아라.' 그 순간 약속을 어긴 사람들은 식은땀을 흘릴지 모른다. 그들이 동등하다고 여기지 않은 사람들이 갑자기 다른 말을 시작했기 때문이다. 혹은 식은땀이 흐르는 등을 숨긴 채 이렇게 말할지도 모른다. 우리가 동등하다고? 무슨 이야기인지 모르겠는데?

이 책에서 내가 할 이야기는 식은땀을 흘리면서도 돌연 힘을 과시하는 사람들에게, 또 노골적으로 약속을 모르겠다고 하는 사람들에게 들려줄 우리의 탄생과 기원에 관한 이야기다. 어쩌면 우리는 누군가에게는 약속을 지키라고 하면서 또 다른 누군가에게는 약속을 어기고 있을지도 모른다. 그렇다면 이 이야기는 약속을 하는 모두에게 필요한 이야기가 될 것이다.

　우리는 서로의 존재를 의식하고 식은땀을 흘릴 준비가 되어 있을 때 하나의 주어로서 우리가 되고, 또 우리를 바꾸는 힘을 지닐 수 있다. 어른과 아이, 부모와 자식, 선생과 학생, 고용주와 노동자, 남성과 여성, 그리고 시민과 시민으로 간주되지 못하는 사람들의 관계 속에서 우리는 어떻게 서로의 차이를 인정하면서도 동등한 자격으로 다시 만날 수 있을까?

## 민주주의의
## 아슬아슬함 위에서

정치와 약속을 탐구하면서 나는 이 이야기의 첫머리에 있는 철학자 토마스 홉스를 핵심적인 길잡이로 삼는다. 홉스는 국가를 엄청난 힘을 가진 괴물로 묘사한 무시무시한 이론가로 알려져 있지만 반드시 그렇지만은 않다. 사회계약론자인 홉스는 국가를 수립하기 위해 사람들이 만났다는 바로 그 이유만으로 민주정이 성립한다고 이야기했다. 그는 사회의 첫 시작이 민주주의라고 보았다. 홉스가 정말 그랬다고? 정말 그랬다. 동시에 홉스는 국가가 우리를 옴짝달싹 못 하게 만드는 근대정치의 암울한 면면들을 깊이 논의했다.

홉스를 민주주의자라고 부를 수 있을까? 홉스는 영국 국왕이 혁명을 피해 파리로 망명 갔을 때 왕세자에게 수학을 가르친 교사였으며 청교도 혁명 이전에는 명백히 왕당파의 입장을 지지했다. 홉스는 철학자로서 민주주의가 정치의 근본 원리라고 믿었지만 줄곧 민주정의 비효율성을 의심의 눈초리로 봤다. 민주정은 모든 사람들이 스스로의 윤리적 판관이 되는 자연상태와 가장 유사한 정치체제이기 때문이었다. 국가를 수립한 뒤에도 사람들이 모여서 합의를 이루어야 하는 민주주의는 불안정해 보였다. 민주주의를 끊임없이 의심한 사상가는 거대한 괴물 같은 근대국가를 만들어 냈다.

나는 민주주의를 바라보는 홉스의 불안한 시선을 따라 오늘의 정치를 우리를 (재)구성하는 아슬아슬한 약속으로 이해해 보려고 한다. 홉스에 따르면 우리는 자연상태에서 모종의 변화를 거쳐 정치적 존재가 된다. 민주주의의 불안정한 토대 위에서 우리는 언제나 자연상태로 돌아갈 수 있다. 우리는 모두 약속을 어길 수 있으며, 다시 혼란스러운 다툼의 현장으로 돌아가 서로를 죽일 수 있다. 이처럼 삶과 죽음을 오가는 민주주의의 아슬아슬한 약속이야말로 우리를 시민으로 만드는 동력이다. 나는 17세기 홉스의 사유로부터 21세기를 사는 우리가 동등한 관계를 확장해 나갈 힘을 끌어내려고 한다.

그런데 약속을 통한 정치는 정말로 가능할까? 한국 사회의 정치적 약속들을 들여다보고 그 약속을 갱신하는 방향을 모색하면서 나는 우리 세대의 정치적 무력감을 생각했다. 페미니즘부터 분단 문제, 난민 문제에 이르기까지 모든 영역에서 의견이 극명하게 갈리는 상황. 통합을 말하면서 끊임없이 서로를 적대하는 상황. 이런 상황에서 인간이 도덕적이라는 단순한 가정을 반복할 수는 없다. 우리가 정치적 존재라면 그것은 현실을 현실 그대로 수용해서도, 현실에 눈을 감고 이상을 향한 도약을 감행해서도 아니다. 정치는 인간이 어떤 상태에서 걸어 나와 다른 상태가 되는 과정에 있다. 그리고 그 과정은 인간이 약속을 맺음으로써 시작된다.

## 나와 홉스,
## 한국 정치의 여정

1부에서는 오늘의 우리를 만든 정치의 역사를 돌

아본다. 그 시작은 '우리 대한국민'이 쓴 헌법을 함께 읽는 일이다. 1919년을 대한민국의 기원으로 삼는 헌법은 1948년 제정되었고, 1987년에 마지막으로 개정되었다. 1948년에 태어나지조차 않은 내가 어떻게 헌법의 저자가 될 수 있을까? '우리 대한국민'은 어떻게 만들어졌을까? 나는 정치가 대표자를 필요로 하고, 대표는 동의를 통해서 이루어진다는 서양 정치사상의 이야기를 통해 우리를 구성하는 국가, 국민, 민족, 가족 같은 단일한 이름들을 돌아본다. 우리를 구성하는 오래전의 약속을 돌아보면, 지금 우리가 반복해서 정치적 무력감을 느끼는 이유도 찾을 수 있을 것이다.

2부에서는 정치적 무력감에서 벗어나 새로운 약속을 맺을 가능성을 탐색한다. 이는 「오징어 게임」의 생존 게임과 「부산행」의 좀비 상태에서 벗어나는 일이자 거대한 이름들로 정당화되는 대표자의 폭력에서 탈출구를 찾는 일이기도 하다. 나는 '헌법이 먼저인가 국민이 먼저인가?'라는 역설적인 질문을 던졌던 또 한 명의 사회계약론자 루소를 홉스와 나란히 들여다본다. 국가를 무시무시한 바다 괴물에 비유했던 『리바이어던』의 홉스와 달리, 『시민론』의 홉스는 민주주의가 정치의 가장 근본적인 원리라고 주장했다. 민주주의에 대한 홉스의 두 시선을 따라가며, 나는 정치란 우리가 만나서 체결하는 아슬아슬한 약속이라고 주장한다. 우리는 만나서 또다시 새로운 약속을 맺을 수 있다.

　새로운 약속의 가능성을 2부에서 이론적으로 모색해 봤다면, 3부는 한국의 구체적인 현실에서 새롭게 약속 맺는 법에 대한 본격적인 탐구다. 지금의 약속 아래 여성과 남성은 동등하지 않다. 북한 주민과 난민 들은 우리의 편의에 따라 국민의 경계 안에 들어왔다가 내쳐지기도 한다. 어린이는 자율적인 존재로 존중받기보다 계몽해야 할 대상으로 여겨진다. 계약의 이면에는 지배가, 동의의 뒷면에는 위력이, 국민이라는 이름의 경계에는 국민이 되지 못한 타자들이 있다. 그런데 이처럼 사회계약에 드리운 그늘은 역설적으로 우리에게 변화 가능성을 제시한다. 우리의 약속이 누구를, 왜 배제했는지를 다시 물을 때, 민주주의의 경계란 본질적으로 열려 있다는 사실을 받아들일 때 새로운 약속 맺기가 가능하다.

　이 탐구의 여정은 나의 연구 여정과 만난다. 나는 전통 시기 한국에서 권위가 작동하고 정당화된 방식을 이해하고자 동아시아 정치사상사를 공부했다. 전통을 사랑해서라기보다는 전통이라는 이름으로 많은 것들이 정당화되는 현상에 답답함과 분노를 느꼈기 때문이었다. 기성의 권위들이 만들어 내는 노골적이고 부드러운 위압에 대한 탈출구를 찾고 싶은 마음에서 시작된 공부였다. 17세기 조선의 예송논쟁을 연구하며 만난 조선의 사상가들은 도덕적 언어의 틈바구니 속에서도 정치의 본질을 탐구하고 있었다. 그들은 여전히 전통적 규범과 도덕이 지닌 힘을 신뢰했다. 근대란 곧 엄격한 세속화라는 명제에 사로잡혀 있었던 나에게 조선에는 근대적 의미의 정치가 없었던 것처럼 보였다. 그런데 정치에 도덕적 판단이 개입하면 정말 안 될까? 이 질문에 대한 답을 찾는 과정에서 나는 약속의 아슬아슬한 힘을 이야기하는 토마스 홉스를 만났다.

홉스의 어머니는 스페인 무적함대가 영국 해안가에 상륙한다는 소문에 홉스를 조산했다고 한다. 그래서 홉스는 '공포와 나는 쌍둥이'라고 말하는 것을 좋아했다. 홉스가 살았던 17세기 영국은 종교 갈등과 정치적 내전이 격화되고 있었다. 홉스는 전쟁의 공포 속에서 태어나 내전을 겪는 가운데 자신만의 정치학을 만들어 냈다. 마찬가지로 현대

한국은 전쟁을 통해 만들어졌고 전쟁 속에서 성장했다. 전쟁의 공포 위에 선 권위주의 정치가 물러나고 민주화 이후 민주주의를 이어 가고 있는 한국 정치는 이제 서로가 서로를 불신하는 내전상태로 접어든 것처럼 보인다. 분열하면 진다는 의식이 사회의 양극단을 강화하고 그 힘을 자양분으로 절대 군주(들)은 권력의 정점을 찍는다. 내전 또는 절대 군주의 양자택일로 귀결되는 상황에서 한국 정치의 변화를 위해 우리는 어떻게 해야 할까?

홉스는 논쟁적인 사상가다. 오늘날 독자의 눈으로 보면 홉스는 자유주의자이자 절대주의자이면서 민주주의자이다. 또한 그는 현실주의자이면서 이상주의자이다. 동시대인에게는 왕실을 옹호한 왕당파이기도 하고 혁명정부를 지지하는 독립파이기도 했다. 그가 신을 진정으로 믿었는지조차 논쟁적이며, 홉스의 정치철학에서 신이 차지하는 역할은 더욱 논쟁적이다. 이렇듯 홉스에 대한 해석이 열려 있는 만큼 홉스를 둘러싼 해석과 탐구는 아직 미완이다.

내가 무엇보다 관심을 두는 것은 아직 미완인 오늘날 우리의 정치다. 이 책이 한국 정치에 대한 모든 이야기를 다룰 수는 없을 것이다. 나는 민주주의의 규칙들이나 규칙을 통해 합의되는 정의의 원칙들을 직접적으로 다루기보다 민주주의의 출입구를 들여다본다. 나의 질문은 이렇다. 우리는 어떻게 서로를 적대하는 상황에서 무기를 내려놓고 평화의 테이블에 둘러앉게 되는가? 이 책을 읽으면서 독자들이 한자리에 마주 앉아 있다는 상태의 의미를 다시 생각해 볼 수 있었으면 좋겠다. 오늘의 정치에 눈을 흘기면서도 등을 완전히 돌리지 않게 말이다.

# 차례

들어가며　　　　무기를 내려놓고　　　　　　7
　　　　　　　　마주 앉자

**1부**　　　　　**오늘의 우리를 만든
　　　　　　　　정치**

1장　　　　　　 국민통합이라는 주문　　　　31

2장　　　　　　 대한민국의 잃어버린 생일　　44

3장　　　　　　 내가 헌법의 저자라고?　　　 55

4장　　　　　　 동의하지 않은 폭력 앞에서　　65

**2부**　　　　**우리를 바꾸는**
　　　　　　　**아슬아슬한 약속**

5장　　　　우리가 놓인 좀비 상태　　　　91

6장　　　　고독과 공포에서 탈출하기　　　102

7장　　　　저자가 되는 방법　　　　113

8장　　　　내로남불의 정치를 넘어서　　　133

**3부**        **현실 정치에서
새로운 약속 맺기**

9장        레토릭뿐인 민주주의를 지나      151

10장       여성이 함께 앉은      168
               협상 테이블

11장       위력에 동의하지 않는 힘      181

12장       경계를 끌어안는 헌법      196

13장       어린이를 동료 시민으로      216
               맞이하기

               감사의 말      233
               참고 문헌      237

# 1부

# 오늘의 우리를 만든
# 정치

"유구한 역사와 전통에 빛나는 우리 대한국민은
1948년 7월 12일에 제정되고 8차에 걸쳐 개정된 헌법을
이제 국회의 의결을 거쳐 국민투표에 의하여 개정한다."
—「대한민국 헌법」

# 국민통합이라는
# 주문

대한민국 헌법 전문(前文)에서 시작하자. 대한민국의 미래에 대한 웅대한 청사진을 제시하는 문서다.

"유구한 역사와 전통에 빛나는 우리 대한국민"은 "조국의 민주개혁과 평화적 통일의 사명에 입각하여 정의·인도와 동포애로써 민족의 단결을 공고히 하고" "자율과 조화를 바탕으로 자유민주적 기본질서를 더욱 확고히 하여 정치·경제·사회·문화의 모든 영역에 있어서 각인의 기회를 균등히" 할 것을 공포한다. 나아가 "우리들과 우리들의 자손의 안전과 자유와 행복을 영원히 확보할 것을 다짐"한다.

안전과 자유와 행복이 실현되고 있는지는 일단 논외로 하자. 놀라운 것은 영원이라는 단어다. 영원은 단순히 끝이 없다는 느낌을 넘어 시간을 초월해 있다는 감각이다. 하지만 연일 보도되는 뉴스는 한국이 세계에서 가장 낮은 출산율을 기록하고 있다고 한다. 그러니까 한국은 소멸해 가면서 영원히 무언가를 꿈꾸는 이상한 나라다.

영원을 향한 꿈을 좌절시키는 것은 단지 인구 감소만이 아니다. 한국 사회는 안전과 자유와 행복에 대해 서로 다른 생각을 하는 사람들로 양분되고 있다. 수많은 아이들이 바다에 빠져 죽은 사건을 둘러싸고도 적대를 만들어 내고, 인간의 보편적인 가치라 할 만한 자유에 대해서도 이런저런 수식을 붙이는 순간 논란이 시작된다. '정치적 자유'에 '경제적 자유'는 맞선다. 우리는 언론과 출판, 집회와 결사의 자유를 지니지만 그와 같은 자유가 내 재산을 침해하는 데는 거부감을 갖는다. 노동자의 단결권과 단체행동권은 기업의 경제상 자유와 충돌한다. 모든 사람이 당연한 행복을 누려야 한다는 사실에 대해서도 사람들은 다툴 수 있다.

헌법은 우리의 자손들이 영원히 거주할 미래의 청사진을 그리지만, 현실의 한국 정치는 대대손손 진보와 보수, 보수와 진보라는 두 개의 이름이 반복해서 태어나는 거대한 고독 속에 있는 것만 같다.

# 영원히 고독한 공동체 마꼰도

나는 예견된 멸망을 앞에 두고 영원성을 추구하던 고독한 곳을 또 한 군데 알고 있다. 바로 가브리엘 가르시아 마르케스가 『백년의 고독』에서 그려 낸 마꼰도라는 공동체다.

이 소설에는 너무나 고독하고 외로운 나머지 자연의 법도에서 벗어나 사촌과 형제 간에, 그리고 이모와 고모, 조카 간에 관계를 맺고 대를 이어 나가는 가족이 있다. 호세 아르까디오 부엔디노가 여러 동지들과 함께 건설한 마을 마꼰도는 자연사도 일어나지 않고 세세토록 존재할 사회였다. 부엔디노 가문에는 호세 아르까디오 또는 아울렐리아노라는 이름을 한 남자아이들이 반복적으로 태어난다. 아르까디오는 언제나 아르까디오이고, 아울렐리아노는 언제나 아울렐리아노다. 서로 다른 성품을 지닌 두 이름은 본질적으로 폭력적이고 방탕하며 고독에 파묻혀 들어간다는 점에서는 같다. 심지어 두 이름을 나눠 가진 쌍둥이가 태어났을 때 장난처럼 둘의 운명을 바꿀 수도 있었다. 마치 진보와 보수, 보수와 진보라는 반복되는 이름을 쉽게 구별할 수 없는 것처럼 말이다.

소설 속에는 전쟁과 법 같은 현실 정치도 등장한다. 자유파와 보수파 사이의 갈등이 격화되었을 때 호세 아르까디오 부엔디노의 아들인 아울렐리아노 대령이 선택한 것은 의회의 정치가 아니라 전쟁이었다. 그는 자유파의 명분에 찬동해 서른두 번의 반란을 승리로 이끈 영웅이지만, 끝없이 이어지는 전쟁 속에서 전쟁을 왜 하고 있는지도 알 수 없는 상황에 이른다. 고통스러운 고독 속에서 전쟁은 명분을 위한 것이 아니라 단순히 정권을 획득하기 위한 도구라는 사실이 밝혀진다.

정치학자이자 법학자 카를 슈미트(Carl Schmitt, 1888~1985)도 대화와 숙고를 좋아하는 의회주의자들을 싫어했다. 아울렐리아노 대령처럼 말이다. 친구와 적을 구별하는 것이야말로 정치적 인간의 존재론적 특징이라고 봤던 슈미트에게 대화는 또 다른 대화를, 숙고는 또 다른 숙고를 낳을 뿐 위기에 대응할 적절한 결정으로 이어지지 않는다. 공화국이 내부와 외부의 적으로부터 무너지는 것은 바로 이와 같은 연이은 대화 탓이며, 흔히 자유주의라고 부르는 체제의 한계는 의회에 모여 끊임없이 대화하는 무능력에서 비롯된다는 것이 슈미트의 진단이었다. 슈미트는 위기 상황에서 누가 공동체의 적이고 누가 친구인지 구별하는 결정을 지도자가 단행해야 한다고 주장했다.

하지만 친구와 적을 구분하는 전쟁도, 평화 상태에서의 법과 규칙도 마꼰도의 고독을 해소하지 못했다. 휴전협정 후 전쟁 영웅 아울렐리아노 대령은 다시 고독한 세공 장인으로 돌아온다. 마꼰도의 건설자 호세 아르까디오 부엔디노는 마을에 군인을 데려오고 규칙을 도입하려 한 공무원을 적으로 규정한다.

마꼰도는 마술과 예언, 환상과 기억상실의 땅이다. 창건자의 사촌이자 아내인 우르술라는 가문에서 근친상간으로 돼지꼬리가 달린 아이가 태어날지도 모른다는 예언 속에 평생을 살았다. 부엔디노 가문 사람들은 지독한 불면증을 앓고 그 결과 기억을 상실하는데, 기억을 잃어 가는 인물들이 만들어 내는 반복된 고독은 현실과 환상이 교차하면서 더욱 강화된다. 너무나 고독한 나머지 구별되어야 할 것들이 뒤섞이는 환상의 장소 마꼰도에서는 만나서는 안 될 존재들이 서로를 욕정의 대상으로 삼기도 한다.

고독은 적과 친구의 구별도 모호하게 만든다. 소설에서 고독은 "죽음 속에 존재하는 또다른 죽음과 가까이 있는 것이 너무 무서워 결국 적들 가운데 가장 나쁜 적을 사랑하게"[1] 될 정도로 지독한 감정으로 그려진다. 애시당초 호세 아르까디오 부엔디노는 아내에 대한 험담을 했다는 이유로 쁘루덴시오 아길라르를 살해하면서 고향을 떠났다. 하지만 깊은 고독에 빠진 쁘루덴시오 아길라르와 호세 아르까디오 부엔디노는 생과 사를 넘어 말년의 친구가 된다. 아울렐리아노 대령은 아버지가 적으로 규정했던 공무원의 딸과 혼인을 맺는다.

정치적으로도 친구와 적은 구별되지 않는다. 바나나 공장에서 노동 파업이 일어났을 때 정부는 계엄군을 동원해 공장 노동자 3000명을 학살한다. 하지만 정부의 발표에 의해 학살은 일어나지 않은 사건이 된다. 마꼰도에는 아무 일도 일어나지 않았던 것이다. 정부는 노사가 평화로운 합의에 이르렀다고 말한다. 적대는 마술처럼 사라졌다. 아울렐리아노 대령의 반란이 역사의 유물이 되고, 학살 사건이 부엔디노 가문의 가족사처럼 축소되는 그 순간 현실과 환상의 경계를 모호하게 만든 진정한 마술

---

1    가브리엘 가르시아 마르케스, 조구호 옮김, 『백년의 고독 1』(민음사, 2000), 121쪽.

은 바로 정치다.

## 정치라는 마술과
## 한국 사회의 고독

오늘의 정치도 마술로부터 자유롭지 않다. 한국 헌정사에는 군인들이 헌정체제를 중단시킨 두 번의 쿠데타가 있었다. 쿠데타를 통해 집권한 세 명의 군인들은 군복을 벗고 선거를 통해 최고권력자가 되었지만, 그들이 정부를 운영할 정당성이 있는지는 확실하지 않았다. 선거 과정은 왜곡되었고 헌법은 종종 유예되거나 자의로 개정되었다. 이러한 일들에는 언제나 국민을 호명하는 정치가 있었다. 국민들의 동의는 명목상 그들의 권력에 합법성을 부여해 준 것만 같았다.

마지막 군인은 대통령 직선제라는 이름하에 보다 합법적인 권력자가 되었다. 그 마지막 군인은 친구와 함께 반란의 수괴로 지목돼 처벌을 받았다. 두 군인에 대한 처벌은 처음부터 난관에 봉착했다. "성공한 쿠데타는 처벌할 수 없다." 검사는 이들을 기소할 수 없다고 결론지었다. 사람들은 이 말에 분노했고 헌법재판소는 이내 이 법리를 뒤집었다. 특별법은 내란죄의 공소시효를 연장했고 대통령의 지시로 법정에 선 두 군인은 반란의 수괴로 처벌받았다.

하지만 그들은 국민이 직접 뽑은 대통령들에 의해 사면되었다. 현직 대통령과 새로운 대통령 당선자가 합의해 국민통합이라는 이름으로 단행한 마술 같은 정치적 행위였다. 법은 두 군인에 대한 예우를 박탈하는 데 성공했지만, 국민이 뽑은 대통령은 마지막 군인의 죽음을 결국 국가장으로 기념했다. 그의 친구도 법의 처벌 없이 영면했다.

쿠데타는 없었던 것처럼 보인다. 설령 그런 것이 있다고 해도 우리는 용서했다. 국민은 통합되었다. 아니 국민이 통합되기 위해서 우리는 용서해야 한다. 이처럼 대통령 권력은 헌법에 따라 사법적 판단을 뒤집는 결정을 단행할 수 있다. 사법부에서 이 사람은 이런저런 범죄를 저질렀다고 판결해도, 대통령은 이런저런 이유를 들어 그 사람의 죄를 사하여 줄 수 있다. '사면은 대통령의 고유 권한'이라는 익숙한 수사는 이러한 권한이 오로지 대통령직을 수행하는 사람의 판단과 결정의 산물이라는 의미에서 옳은 표현이 된다.

성공한 쿠데타는 처벌할 수 없다는 말은 이렇

게 완결되었다. 고도의 정치적 행위는 사법부가 판단할 수 없다는 논리가 결국 승리했다. 고도의 정치적 행위라고 할 수 있는 쿠데타는 법을 굴종시켰고 법은 이 정치적 행위를 단죄하는 데 실패했다. 마술과도 같은 정치는 오히려 반란의 수괴에게 국가장이라는 상징적 의례를 제공해 주었다.

사면과 용서는 분명 과거의 아픔을 치유하고 공동체 내부의 적대적 관계를 끝내기도 한다. 하지만 한국 정치에서 사면, 특히 전직 대통령을 비롯한 정치인들에 대한 사면은 누적된 과거를 치유하기 위해서라기보다는 현재의 적대를 권력의 편의에 따라 중지하려는 목적에서 이루어진다. 얼마 전국민의 이름으로 규탄되었던 바로 그 사람이 국민통합이라는 마술의 주문을 통해 사면되고 복권된다. 적대도, 그러한 적대를 중지하는 것도 모두 국민을 위한 것이다. 있었던 것이 없던 것이 되고, 적이 친구가 되고, 이루어질 수 없는 관계가 욕망의 대상이 된다. 그런 점에서 한국 정치는 요란한 겉모습에 비해 언제나 고독한 상태에 처해 있다.

마꼰도의 마술과 고독은 이렇게 한국 사회와 겹쳐진다. 슈미트는 법학에서의 예외상태가 신학에서 말하는 기적과 유사하다고 주장했다. 예외상태는 대통령과 같은 대리주권자가 국가의 질서를 유지하기 위해 법을 중단할 수 있는 상황을 이른다. 그런 점에서 예외상태를 만드는 정치는 마술의 주문과 유사해진다. 현대 법치국가는 세상일에 직접 관여하는 인격적인 신을 부정하면서 기적의 개입 역시 거부하고, 이러한 태도는 법질서에 대한 주권자의 직접적인 개입을 거부하는 것으로 이어진다.[2] 이와 달리 주권자의 개입이 필요하다고 여긴 슈미트는 현대 법치국가의 이론들을 비판하면서 자신이 옹호하는 입장을 '결단주의'라고 불렀다. 슈미트에게 그 모범은 홉스(Thomas Hobbes, 1588~1679)의 사상이었다.

하지만 홉스는 마술 같은 기적이 정치에 영향을 끼치는 것을 거부한 사람이다. 기적은 신의 직접적인 의지의 표현이므로 그러한 기적을 바탕으로 한 정치적 행위는 세속적인 합의의 정치를 혼란스럽게 만들기 때문이다. 기적은 정치 밖에 있다. 홉스는 이렇게 썼다.

---

2    카를 슈미트, 김항 옮김, 『정치신학: 주권론에 관한 네 개의 장』 (그린비, 2019), 54쪽.

말은 그 말을 이해하는 사람에게만 효과가 있다. …… 하나님이 그의 백성을 교화하기 위해 일으킨 것이 아닌 경우에는 마법에 걸린 것은, 즉 주문의 효과를 입은 것은 지팡이나 물이 아니라, 관객이다. 이것이 바로 마술사들이 일으키는 기적의 본질이다. 이것은 기적이 아니라 사람을 속이는 것이며, 쉽게 할 수 있는 일이다.[3]

우리는 더이상 기적이 없는 시대에 살고 있다.[4]

## 고독에서 벗어나려면

마꼰도로 다시 돌아와 보자. 우르술라는 마꼰도의 고독이 반복되고 있다는 사실을 알고 있었다. 가문에서 태어난 아이들이 저마다 호세 아르까디오나 아울렐리아노가 될 때 그 외면상의 차이가 무의미하다는 것을 깨달은 것도 우르술라였다. 그는 근친상간으로 돼지꼬리를 단 아이가 태어난다는 저주를 가족들에게 상기시키는 역할을 하면서 백 년 가

---

3    토마스 홉스, 진석용 옮김, 『리바이어던 2』(나남, 2012), 111~112쪽.
4    토마스 홉스, 『리바이어던 2』, 30쪽.

까이 가문을 이끈다. 한국 정치의 요란한 상황들이 그저 고독한 반복에 지나지 않는다는 것을 깨달았다면, 당신도 우르술라의 눈을 가지게 됐다고 할 수 있겠다.

하지만 우르술라도 백 년 동안 이어진 고독으로부터 자유로울 수는 없었다. 그 자신이 사촌과 혼인하고 아이를 낳은 근친상간의 시발점이었으므로 우르술라 역시 가문의 일원이자 그 기원이다. 그는 말년에 기억상실과 깊은 고독에 잠기고, 시력을 잃는다. 한국 정치의 반복되는 고독을 아무리 직시한들 우리도 그 일부라는 사실은 변함이 없다.

돼지꼬리가 달린 아이가 결국 태어나고, 마침내 마꼰도는 멸망한다. 마꼰도의 멸망은 마을에 처음으로 신기한 마술들을 가지고 왔던 멜키아데스가 남긴 양피지에 예언되어 있었다. 마지막 아울렐리아노가 그 예언을 해석하는 순간 마꼰도는 마치 존재하지도 않았던 곳처럼 사라진다.

이제 한국인의 예언서를 다시 펼쳐 보자. 헌법에는 통합이라는 말이 없다. 우리는 이미 "유구한 역사와 전통에 빛나는 우리 대한국민"으로 존재한다. 대통령이 부리는 마술은 "대통령은 법률이 정하는 바에 의하여 사면·감형 또는 복권을 명할 수 있다.”라는 매우 건조한 문장에 근거하지만, 예언서에는 없는 ‘통합’이라는 글자가 더해질 때 비로소 주문을 얻는다. 국민통합은 정치가 정치를 실종시키는 민주화된 권력의 주문이자, 끊임없이 법을 좌절시키는 마술이다.

‘우리 대한국민’이라는 이름은 견고하지만 현실의 국민은 무력하다. 우리의 정치적 무력감은 국민의 현실과 이상 사이의 거리에서 비롯된다. “국민 여러분”으로 시작하는 정치인들의 말에는 그것이 곧 국민의 뜻이라는 확신이 들어 있다. 선거는 국민의 심판으로, 그 결과는 국민의 목소리와 의지로 해석된다. 하지만 국민이라는 이름은 서로 다른 정치적 행위를 꾸미는 명분과 근거가 될 뿐이다. 국민을 근거로 다투는 진영들은 적대를 표방하다가도 야합을 일삼는다.

그렇다면 마꼰도의 고독이 멸망을 향해 달려갔듯이 우리도 가만히 앉아 예견된 결론을 받아들여야 할까? 아니면 마술과 기적의 시대를 끝내고 새로운 정치를 만들어 나갈 수 있을까? 이제 그 탐구를 본격적으로 시작해 보자.

# 2장

# 대한민국의
# 잃어버린 생일

요즘 초등학교에서는 이런 숙제를 내 주지 않겠지만, 내가 초등학생일 때는 가족과 조상을 조사하는 숙제가 있었다. 내가 무슨 본관의 성씨이며 시조나 중시조가 누구인지 등을 알아 오라는 과제였다.

현대 핵가족의 모범인 우리 집에 족보 같은 것은 없었으므로 나는 시골에 계신 작은할아버지에게 전화를 걸어 가족사에 대한 이런저런 정보를 얻었다. 그런데 곰곰이 생각해 보면 그건 일개 가족사라고 할 수 없었다. 나의 시조는 무려 신라의 왕가와도 이어지는 고대적 연원을 지니고 있었기 때문이다. 놀랍지 않은가! 당시 나는 우리 집 형편과 그 어마어마한 전설 사이를 가늠해 볼 정도로 조숙하지는 않았지만, 나중에 시골에서 간이 형태의 족보를 보내 줬을 때 그것이 예사로운 문서가 아니라는 사실을 직감했다.

족보에서 무엇보다 흥미로웠던 건 부모가 있는 사람이 한 가문의 기원이 되어 있다는 사실이었다. 부모조차 기록되지 않은 더 신화적인 할아버지들이 있겠지만, 시조 설화에 의하면 내가 족보에서 확인할 수 있는 그 할아버지에게는 부모가 있었다. 그럼 조금은 덜 신화적인 이 할아버지의 할아버지의 할아버지는 누구일까? 왜 어떤 이들은 기록의 첫머리를 장식한 반면 다른 이들은 기록의 일부가 되지 못하고 사라졌을까? 이 질문들은 인류의 생물학적 기원과 우주의 시작에 대한 탐구로 이어질 수도 있었겠지만, 생물학보다는 정치학에 관심이 있는 나는 사람들이 사회 속에서 만들어 내는 기원의 문제를 오래도록 생각하게 되었다.

## 만들어진 기원

족보와 같은 기록과 기원에 대한 의문을 해결할 작은 힌트를 대학에서의 문학사 수업을 통해 얻었다. 인류가 국가라고 부를 만한 정치적 조직을 만들고 자신들의 기록을 역사라는 이름으로 본격적으로

써 내려갔을 때, 인간은 으레 자신들의 기원을 더 먼 과거로 소급했다는 것이다.

　고대 중국의 초기 역사 기록은 후대로 갈수록 더 먼 과거로 소급해 가는 경향이 있다.(역사와 신화의 경계는 불분명하다.) 이성계는 조선을 건국했을 때 자신의 6대조를 왕으로 만들었다.(우리는 그 기록을 가지고 있다.) 이스라엘 민족을 이집트로부터 탈출시킨 모세의 기록들은 일설에 의하면 후대의 작품이다.(우리는 그 기록을 가지고 있지 않다.) 그러니까 할아버지의 할아버지의 할아버지, 또는 할머니의 할머니의 할머니의 자연적인 시간은 어떤 정치적 계기 속에서 만들어진다. 기원을 만든다는 것은 일종의 정치적 행위. 이는 후대에 이어질 어떤 이야기를 쓰기 시작하는 창작의 행위이자, 공동체를 영원하게 만드는 가장 위대한 창건의 행위였다.

　그런데 많은 기록은 창건의 행위를 만들어 내면서도 그 기원을 은폐하는 방식을 취하고 있다. 무한한 점선 위에 홀로 존재하는 그 할아버지가 진짜 창건자인지 알 방도는 없다. 게다가 모든 기원이 정확한 기록의 형태로 남아 있지도 않다. 많은 경우 기록은 가탁되거나 수정되고 때로는 조작되며, 따라서 논쟁의 대상이 된다. 이성계가 조선의 건국자라는 사실은 역사적 사실로 받아들여지지만, 모세가 진정한 이스라엘의 창건자인지는 논쟁적이다.

## 대한민국의 기원 찾기

한국의 대통령들이 전직 대통령들을 사면하면서 내세우는 국민통합의 '국민' 역시 기원을 둘러싼 논쟁에서 자유롭지 않다.

헌법은 "우리 대한국민"이 "1948년 7월 12일에 제정되고 8번에 걸쳐 개정된 헌법을 이제 국회의 의결을 거쳐 국민투표에 의하여 개정한다"라고 쓰고 있다. 여기에서 '이제'는 1987년 10월 29일을 말한다. 그렇다면 헌법은 자신의 기원을 1948년으로 삼고 있을까?

문제는 조금 복잡하다. 1948년 처음으로 제정된 헌법의 첫머리는 "우리들 대한국민은 기미 삼일 운동으로 대한민국을 건립"했다고 자신의 기원을 기미 3·1 운동, 즉 1919년 3·1 운동으로 소급한다. 그렇다면 대한민국은 두 번 태어난 것일까? 1919년에 한 번, 그리고 1948년에 한 번.

생일을 두 번 축하할 수 없기 때문에 많은 사람들은 우리의 기원이 언제인지를 두고 다퉜다. 지금은 다소 잠잠해졌지만 일부 사람들은 한국에는 이른바 '건국절'이 없으니 8·15를 광복절이 아닌 건국절로 다시 이름 붙여야 한다고 주장하며 논쟁을 촉발했다. 우리에게 그동안 생일이 없었으므로 대한민국 정부가 수립된 1948년 8월 15일을 생일로 삼자는 것이었다. 반대하는 사람들은 그 생일이 우리의 과거를 지우는 것이라고 생각했다. 처음으로 만든 헌법은 분명 1919년 3·1 운동을 우리의 기원으로 삼고 있었기 때문이다.

이 논쟁은 대한민국이 남한만의 단독정부라는, 해방 이후 지속된 이념적 논란의 연장선에 있는 것처럼 보였다. 건국절 주창자들은 논란에 종지부를 찍고 1948년에 수립된 정부의 정통성을 확고하게 만들려고 했던 것 같다. 한편 실효적인 정부가 없었던 1919년을 우리의 기원으로 삼자는 주장에도 석연치 않은 구석이 있기는 했다. 1987년에 개정한 헌법에서는 "우리 대한국민은 3·1 운동으로 건립된 대한민국임시정부의 법통"을 계승한다고 표현을 바꾸었기 때문이다. 건립된 것은 단지 대한민국 '임시' 정부일 뿐이다. 우리의 기원에 대한 논쟁은 현재 진행형이다. 연이은 두 정부는 광복절 기념사를 통해 각각 건국 68주년과 건국 100주년을 기념했다.

건국을 둘러싼 논쟁은 단순히 대한민국이라는 나라가 언제 만들어졌는지 역사적 사실을 확정하는 문제가 아니다. 국가는 창조와 창건의 대상이지만 다른 조형물과 달리 물리적 실체를 초월해 있기 때문이다. 우리는 국가를 목격할 수 없다. 우리가 알 수 있는 것은 그런 창조와 창건의 행위가 있었다는 선언뿐이다. 그 선언은 헌법이라는 문서의 형태를 하고 있는데, 헌법은 결국 우리가 해석해야 할 대상이 된다.

하나 분명한 사실은 헌법이 국가의 창건자를 명시하고 있다는 것이다. 헌법은 "우리(들) 대한국민"의 작품이다. 따라서 건국을 둘러싼 논쟁은 국민이 저자로 등장한 계기를 찾는 일이다.

## 기원 찾기에 실패한
## '존재하지 않는 기사'

자신의 기원을 찾는 데 실패한 존재가 어떤 상황에 처하게 되는지 들려주는 이야기가 있다. 이탈로 칼비노의 소설 『존재하지 않는 기사』에는 몸이 없는, 갑옷을 통해서만 육체를 지니고 살아가는 기사 아질울포가 등장한다. 아질울포는 이렇게 묘사된다. "검고 가는 선 하나가 갑옷 테두리에 쳐져" 있고, "그 나머지는 순백색이었는데 긁힌 상처 하나 없었으며 갑옷 이음새들은 모두 깨끗이 마무리되어" 있다.[1]

하얀 갑옷 속에 있는 것은 몸이 아니라 의지다. 아질울포는 자신이 지위를 얻게 된 모험들은 기록들이 증명한다고 장담한다. 기사 작위는 스코틀랜드 왕녀였던 처녀 소프로니아가 도적들에게 강간당할 위기를 구해 주고 얻었다. 하지만 단번에 소프로니아가 사실 처녀가 아니었다는 반론이 제기된다. 아질울포의 작위 수여는 기사도 법전에 근거했는데, 그가 처녀가 아니라면 포상의 종류도 달라져야만 했다.

반론자의 처지도 딱한 것은 마찬가지다. 그는 콘월 공작 가문의 차남이었던 토리스먼드로, 소프로니아가 자신의 어머니라고 주장했던 것이다. 토리스먼드도 기사 작위를 유지하지 못한 채 졸지에 사생아의 신분이 되었다. 게다가 그의 아버지는 순

---

1    이탈로 칼비노, 이현경 옮김, 『존재하지 않는 기사』(민음사, 2014), 10쪽.

결을 서원한 성배 기사단의 일원이었다.

아질울포와 토리스먼드의 주군이었던 프랑스 황제 카를로스 대제는 자신들의 근거를 찾으려는 아질울포와 토리스먼드의 모험을 승인한다. 아질울포는 소프로니아를 찾아 당시 그가 처녀였다는 사실을 확인해야 하고, 토리스먼드는 성배 기사단 전체에게 아버지가 되어줄 수 있다는 인정을 받아와야만 한다.

두 사람은 자신들의 기원을 찾아내는 데 성공했을까? 아질울포는 술탄의 새 후궁이 되려는 소프로니아를 발견해 구해 내지만, 소프로니아가 토리스먼드는 자신의 아들이 맞다고 황제 앞에서 증언하면서 작위의 근거를 상실한다. 이후 토리스먼드가 소프로니아의 아들이 아니라는 사실이 밝혀지지만, 아질울포는 이미 텅 빈 하얀 갑옷만을 남긴 채 사라진 뒤다. 몸을 갖지 못했던 기사는 자신의 기원을 잃어버린 순간 정말로 존재하지 않는 기사가 되었다.


## 잃어버린 기원과 망각된 약속

아질울포의 이야기는 1장에서 다룬 '국민통합'의 대

상인 국민과 겹쳐진다. 모든 권력은 국민으로부터 나오지만, 국민은 호명될 뿐이고 우리는 우리의 기원을 찾는 데 실패하고 있다. 마치 하얀 갑옷 없이는 존재할 수 없는 기사처럼 국민은 정치인들의 결정에 근거를 제공해 주는 의지로만 존재하는 것 같다. 존재하지 않는 우리는 어떻게 몸을 되찾을 수 있을까? 아질울포와 마찬가지로 우리는 우리의 기원을 탐색하는 모험을 떠나야 한다.

　족보라는 무한한 점선 위 할아버지의 진위에 대해 생각해 보자. 문학사 수업에서 내가 얻은 통찰은, 역사 속에 실존하는 어떤 인물이 실제 가문을 창건하는 광경이다. 그는 생각한다. '내가 기원이 되는 것은 모양새가 좋지 않지. 더 먼 과거의 전통과 유산이 우리 가문을 빛나게 해 줄 거야.' 그는 기원인 동시에 기원이 되지 않기로 결심한다. 이제 그 후손이 무한한 점선 위의 할아버지가 자신의 진짜 기원이 아니라는 사실을 알게 된다. 그 순간 후손의 몸은 근거를 상실할 것이다.

　족보와 작위의 허약한 기원이 몸을 상실하게 만들듯이, 약속의 기원을 잃어버릴 때 우리는 몸을 잃어버린다. 개개인이 모여 하나의 국민으로서 정치적 신체를 갖는 그때가 약속이 시작되는 순간이다. 우리가 공동의 몸을 구성하기로 한 순간을 망각할 때, 즉 기원을 잊어버릴 때 약속도 잊혀진다.

여기까지 읽은 독자들 가운데 기원이 도대체 왜 중요한지 되묻고 싶은 사람이 있을지 모르겠다. 기원이 없어도 현재를 즐겁게 살 수 있다고. 조상을 알지 못한다고 한들 내 삶과 무슨 상관일까? 물론 한 사람의 몸은 조상에 대한 지식과 무관하게 자연스럽게 태어나 존재할 수 있다. 그런데 우리라는 정치적 몸은 인공의 산물이다. 우리는 함께 모여 어떤 형상을 만들면서 우리가 된다.

정치에서 '우리'를 뒷받침하는 조상의 형상을 떠올려 보자. 그 형상은 제사 때 보는 할아버지 할머니의 얼굴일 수도 있다. 누군가에게 한국의 창건자는 이승만이거나 박정희일 것이고, 어떤 이들은 족보를 더 거슬러 올라가 세종과 같은 성군을 기리고 있을지 모른다. 아무리 거슬러 올라가도 조상을 찾을 수 없다면? 정치적 존재로서 당신은 존재하지 않는 기사와 같다.

하지만 조상을 비롯한 구체적인 형상들은 우리의 기원을 은폐하는 구실을 한다. 헌법이 표방하듯이 우리는 안전과 자유와 행복을 위한 "다짐" 속에서 비로소 "우리 대한국민"이라는 하나의 주어가 되기 때문이다. 아련한 과거 속의 어떤 인물이 했던 바로 그 창건의 행위와 마찬가지로, 우리가 우리가 되었던 바로 그 행위를 돌이켜 볼 때 우리는 다시 우리가 될 전망도 가질 수 있다.

따라서 중요한 것은 기원 자체가 아니라 지금 우리가 기원을 서술하는 방식이다. 우리가 어떻게 그 기원을 갖게 되었는지를 이해할 때 오늘을 새로운 기원으로 삼을 수 있다. 기원을 탐구하는 것은 정치적 행위의 가능성을 다시 찾는 일이다.

# 3장

# 내가 헌법의 저자라고?

직장인에게는 내 업무가 아닌 일을 처리해야 할 때가 종종 있다. 선의로 그 일을 맡는다면 좋든 싫든 내가 동의한 것이 된다. 그런데 미칠 듯이 하기 싫은 일이라면 어떻게 할 것인가? 내가 서명한 계약서에 이런저런 업무들이 적혀 있지만 바로 그 일은 내 일에 포함되지 않는다고 항변할 수 있겠다. 하지만 그에 대한 반론이 쉽게 예상된다. 당신의 전임자가 체결한 계약서에 의하면 당신은 그 일을 맡을 의무가 있다. 이런 대답을 듣게 되면 당신은 그날로 짐을 싸서 도망가거나 노동청에 신고하는 방법을 선택할 수 있다. 현실에서는 월세, 카드값, 생활비 등등을 생각하며 이러지도 저러지도 못하는 상황에 처할 가능성이 크지만 말이다.

이런 일이 정치에서 일어난다면 어떨까? 탈출도 쉽지 않거니와 더 상위의 재판정을 찾기도 어려울 것이다. 헌법의 저자로서 국민들이 처한 상황이 이와 같다.

## 당신은 헌법에 동의했습니까?

헌법은 추상적이고 포괄적인 규범이면서도 현실에서 정치적 결정의 기준이 되고 일상의 중요한 문제들을 규정한다. 대통령의 사면권을 다시 생각해 보자. 우리는 국민통합이라는 말로 단행되는 대통령의 특별사면에 대해 거부권을 행사할 수 없다. 그러한 거부권은 헌법에 써 있지 않기 때문이다. 의회나 헌법재판소도 이 권한을 침해할 수 없다. 헌법에 그러한 요건들이 적혀 있지 않기 때문이다. 그렇다면 우리는 헌법이라는 계약서의 규칙에 그저 복종할 수밖에 없는 걸까?

근로계약서에 서명한 사람이 바로 나인 것처럼 헌법은 분명 '우리 대한국민'이 작성한 것이다. 우리 국민이 바로 헌법의 저자다. 당연히 국민이라는 인물이 헌법이라는 문서를 작성한 것은 아니고, 국민 개개인이 동의함으로써만 헌법은 민주적인 정당성을 얻게 된다는 뜻이다. 신이 명령했기 때문이라거나 군주가 선사한 것이라는 이유로는 정당화되지 않는다. 가장 명석한 사람들이 적었다는 이유로도 헌법은 성립할 수 없다. 그렇기 때문에 헌법에 복종한다는 것은 스스로에게 복종하는 것과 다름없다. 내가 작성한 것을 내가 따르는 것이기 때문이다. 그런데 당신은 정말로 헌법에 동의했는가?

오늘날 우리 정치를 규정하는 최고의 규범인 헌법은 1987년 10월 29일에 개정된 바 있다. 개헌안은 직전 헌법의 개정 조항에 근거해 여야 공동 발의로 국회에서 통과된 다음, 같은 해 10월 27일 국민투표에 부쳐졌다. 이때 투표 자격은 개헌안 공고일인 9월 22일 기준으로 1967년 9월 22일 이전 출생자에게 주어졌다. 대략 2550만 명이었다. 당시 국민투표에 참여했던 사람들은 2022년 기준 만 54세 이상인 시민들이다. 행정안전부에서 제공하는 연령별 인구 현황을 활용해 간단히 계산해 보면, 이들은 2022년 4월 총인구의 약 33퍼센트에 해당한다. 국민투표가 가능한 총 유권자 대비 대략 40퍼센트다. 그러니까 오늘날 헌법은 헌법에 동의할 수 있다고 간주되는 사람들 가운데 60퍼센트 정도가 동의할 기회를 갖지 못한 상황에 처해 있다. 현재 만 55세 이상인 사람들, 즉 1967년 투표할 수 있었던 사람들 중 1729만 331명이 생존해 있는데, 1987년 국민투표 추정치에 대입해 보면 당시 국민투표에 참여할 수 있었던 사람들 가운데 대략 820만 명 정도가 죽었다는 사실을 알 수 있다. 조금 과장을 보탠다면 우리는 죽은 조상들의 지배를 받고 있다.

## 우리는 이미 계약에 동의했다

이런 헌법이 어떻게 권위를 유지하고 있을까? 여기에 그럴듯한 해법을 제시한 사람은 존 로크(John Locke, 1632~1704)다. 로크는 국가와 정치가 약속의 산물이라고 본 사회계약론자였다. '우리가 사회계약에 동의한 게 맞는가?'라는 질문에 로크는 이렇게 답한다.

"누구나 스스로 맺은 협정이나 약정에 대해서는 그것이 무엇이든 준수할 의무가 있지만, 그렇다고 그 사람이 협정에 의해서 그의 자식들이나 후손을 구속할 수는 없다."[1]

---

1    존 로크, 강정인·문지영 옮김, 『통치론』(까치, 1996), 111쪽.

내가 동의하지 않은 법에 내가 구속될 수 없다는 이야기는 별다르지 않다. 그런데 로크는 직접 동의하지 않은 경우를 이렇게 설명한다.

"어떤 정부의 영토의 일부분을 소유하거나 향유하는 사람은 누구나 그럼으로써 묵시적 동의를 한 셈이며, 적어도 그러한 향유를 지속하는 동안, 그 정부하에 있는 사람들과 같은 정도로 그 정부의 법률에 복종할 의무를 진다."[2]

실효적인 정부가 작동하는 땅에 살고 있다는 바로 그 단순한 사실로부터 동의 여부를 추론해 낼 수 있다는 것이다. 헌법에 동의할 기회를 얻지 못한 나머지 60퍼센트도 명시적인 부동의 없이 대한민국의 영토에서 거주하고 있는 한 헌법에 동의한 것으로 간주한다. 로크의 말대로라면 우리는 헌법의 묵시적 동의자다.

이런 관점을 더 극단적으로 밀고 가면 사회계약론에 비판적이었던 버크의 논리도 만날 수 있다. 보수주의 정치가이자 사상가였던 에드먼드 버크(Edmund Burke, 1729~1797)는 사회가 새로운 계약에 의해서 구성된다는 사상을 위험하게 여겼다.

---

2    위의 책, 114쪽.

프랑스혁명은 대표적인 예다. 사회가 계약의 산물이라면 그것은 살아 있는 사람들뿐 아니라 더 이상 생존하지 않는 사람들과 앞으로 태어날 사람들까지 포함하는 세대를 이은 약속이다. 보수주의의 창시자라 불리는 버크는 인간은 불완전하고 언제나 합리적이지는 않다고 여겼다. 따라서 살아 있는 사람들끼리 계약으로 사회가 구성된다면 오랜 시간 검증된 전통과 제도가 폐기되고 사회적 연대는 무너질 것이다. 우리는 조상들의 지배를 받는 것이 당연하다.

## 우리는 계약에 참여해야 한다

버크의 정반대편에 미국 건국자 중 한 명인 토마스 제퍼슨(Thomas Jefferson, 1743~1826)이 있다. 제퍼슨은 서로 다른 사회가 같은 법에 구속되지 않듯이 서로 다른 세대 사이에는 자연법만이 존재한다고 봤다. 서로 다른 세대는 그저 다른 국가와 다름없다는 것이다. 제퍼슨의 유명한 표현을 옮기면 이렇다.

"이 땅은 언제나 살아 있는 세대에 속한다. 모든 헌법, 그리고 모든 법은 19년을 주기로 효력을 다한다. 그 이상 강제된다면 그것은 권리가 아니라 힘에 의한 것이다."[3]

19년은 당시의 기대수명을 반영한 것으로 추측되는데, 제퍼슨은 한 세대에게는 하나의 헌법만이 가능하다고 봤다고 해도 과언은 아니다. 우리는 조상들의 지배를 받아서는 안 된다.

제퍼슨의 방법이 매력적이면서도 비현실적이라고 느끼는 사람이 있다면 조금 세련된 방식으로 이 문제를 고민했던 하버마스의 이야기를 들어보자. 독일의 철학자 하버마스는 헌법에 대한 동의, 즉 헌법의 민주적 정당성을 민주주의와 헌정주의의 갈등이라는 관점에서 이해했다. 헌법의 저자인 우리가 어떻게 조상들의 지배가 아니라 스스로 동의한 법의 지배를 받을 수 있을까? 세대마다 새로운 헌법을 만들 수 없다면, 특정한 시점에 만든 헌법은 언제든 다음 세대를 지배하는 것으로 귀결될 것이다.

이때 하버마스의 전략은 국가를 창건하고 사회를 설립하는 정치적 약속의 체결이 특정한 시점에 일어나는 행위가 아니라고 보는 것이다. 헌법은 이제 전(全) 세대가 참여하는 공동의 프로젝트가 된

---

3    Thomas Jefferson, "Letter to James Madison"(1789.9.6).

다. 하버마스는 이 프로젝트를 두고 "직접 참여하지 않은 모든 세대가 헌법 문서에 적힌 권리 체계의 규범적 내용을 실체화하는 데에 참여"[4]한다고 표현한다. 앞서 직장인의 사례를 다시 떠올려 보자면, 내가 서명하지 않은 계약서이지만 계약서에 적힌 직무기술서의 이런저런 조항들이 구체적으로 어떤 의미인지 논의하는 데에 내가 참여할 수 있다면 계약서는 전임자들과 내가 만드는 공동의 문건이라 할 수 있다.

　숙고된 의견을 주고받는 민주주의를 추구한다는 점에서 하버마스는 흔히 숙의민주주의자라고 불린다. 숙의민주주의 입장에 선다면 1장에서 본 아울렐리아노 대령은 반란을 일으키는 대신 의회에 참여하길 바랄 것이다. 또 2장에서 본 아질울포는 자신의 기원을 찾는 데 실패했더라도 계속 존재할 수 있다. 기원을 찾거나 계약을 완전히 파기하기보다 현재 계약 조항들의 의미를 함께 논의하는 것이 더 중요하기 때문이다.

　함께 논의하는 일은 가능한가? 직장인들에게

---

4　Jürgen Habermas, "Constitutional democracy: A paradoxial union of contradictory Principles?" William Rehg trans., *Political Theory* Vol.29(2002), p.774.

계약서 조항의 세부 내용을 결정할 기회는 없다. 결정은 임원 회의에서 이루어지고 통보된다. 대통령의 마술 같은 사면권 행사는 숙고의 산물인가? 선거 때마다 등장하는 국민을 호명하는 정치는 많이 양보해도 합리적인 숙고의 결과물 같아 보이진 않는다. 건국에 대한 논란에서 보듯 우리는 우리의 정체성을 둘러싼 문제에서 대화로는 좁힐 수 없는 적대 한가운데 있다. 국민을 호명하면 할수록 도대체 그 국민은 누구이고 무엇인지 모호해질 뿐이다.

## 오래된 약속을 다시
## 우리의 약속으로 만들기

대화라는 먼 이상과 좁힐 수 없는 적대의 현실 속에서 우리는 헌법의 유령 작가다. 몸이 없는 우리는 단지 의지만을 대표자들에게 제공하고 정치는 그 이름을 마술처럼 활용해 현실과 환상을 가로지른다. 현실과 환상을 구별할 수 없는 한 고독은 계속 이어진다. 어쩌면 우리 세대는 이미 돼지꼬리를 달고 태어났을지 모른다.

우리가 가지고 있는 헌법이 멸망의 예언서가 되지 않기 위해서 무엇을 해야 할까? 선조들의 유훈이 지배하는 약속을 우리의 약속으로 다시 만들어야 한다. 이것은 정치에서 내 자리를 찾는 일이다. 그러기 위해 이제 우리가 동의하지 않은 약속들, 폭력적으로 뺏긴 자리들을 다음 장에서 살펴보자.

# 4장

# 동의하지 않은
# 폭력 앞에서

일단의 사람들이 광야를 질주한다. 광야를 질주하는 사람들은 백마 타고 오는 초인도, 초인을 기다리는 시인도 아니고, 가상 세계에서 블랙맘바와 싸우는 아이-에스파는 더더욱 아니다. 일제 강점기 해방을 노래한 이육사의 시나 케이팝 세계관 속 장소보다 더 유서 깊은 광야를 건너고 있는 이들은 고대에 어떤 압제자의 손아귀에서 막 벗어나 새로운 약속의 땅을 향해 가는 사람들이다.

## 신과 맺은 약속

무리를 이끄는 한 사람이 있다. 자신이 신으로부터 새로운 땅에 대한 약속을 받았다고 주장하는 남자.

이 남자를 따르는 무리는 대대손손 믿었던 바로 그 신이 이 사람을 통해 자신들을 구원해 줄 거라고 믿었다. 사람들은 이 사람을 통해 신과 새로운 언약을 맺었다. 약속의 내용은 다음과 같다. '사람들은 이 신만을 경배하고 신은 백성들을 보호하며 행복을 보장해 준다.' 이 언약으로 사람들은 하나의 민족이 되었다. 신은 이제 자신의 백성이 된 사람들에게 필요한 구체적인 법을 주려고 한다. 백성들은 신을 직접 대면하는 것이 두려웠으므로 무리를 이끄는 남자에게 산에 올라 신을 대면하고 신이 직접 두 석판에 새긴 구체적인 약속의 목록들을 받아오도록 했다. 신의 대리인이자 백성들의 대표자가 바로 구약성서에 기록된 모세다.

해방과 연합의 서사는 평화롭게 끝나지 않는다. 신으로부터 약속의 계율을 받으러 떠난 모세가 돌아오지 않자 믿음을 잃은 사람들은 새로운 신을 만들기로 작정한다. 성서는 이 대목을 다음과 같이 기록한다. "백성이 모세가 산에서 내려옴이 더딤을 보고 모여 아론에게 이르러 가로되 일어나라 우리를 인도할 신을 우리를 위하여 만들라."(출애굽기 32:1) 사람들은 인내심이 없었다. 그래서 억압의 땅 이집트에서 가지고 온 귀금속으로 황금 송아지를 만들고 경배했다. 신과 맺은 언약을 어긴 것이다. 산 위의 신은 자신의 백성들이 벌인 일에 분노하여 모세에게 이 백성을 없애고 새로운 백성을 주겠노라고 귀가 솔깃하게 제안한다. 하지만 모세는 신의 분노를 잠재우며 자신이 사태를 수습하겠노라고 말한다. 과연 그는 어떻게 행동했을까?

신을 달랬던 행동이 무색하게도 모세는 산에서 내려오자마자 제사를 담당하게 될 레위 지파에 속한 전사들을 소집해 황금 송아지를 만드는 데 관여한 동족들을 살육한다. 그는 신의 이름으로 "각 사람이 그 형제를, 각 사람이 자기의 친구를, 각 사람이 자기의 이웃을 죽이라"(출애굽기 32:27) 명령했다. 모세는 이스라엘 민족의 지도자가 되었고 이스라엘 민족을 대표해서 신을 만났다. 그런데 신과 백성들 사이에서 모세는 자의적인 폭력을 서슴지 않았다. 이스라엘 민족이 자신들을 이집트에서 해방시켜 준 신을 제외하고 다른 신을 섬기지 않겠다는 약속에 동의했기 때문이었다.

이 오래된 해방의 이야기에는 고대에서부터 근대에 이르기까지 서구의 정치적 경험을 설명하는 핵심적인 개념들이 담겨 있다. 바로 정치는 대표자를 필요로 하고 대표는 동의를 통해서 이루어진다는 생각이다. 대표는 과연 무엇이며, 대표자는 어떻게 세워지고 동의는 또 어떻게 이루어지는지를 둘러싼 논쟁들이 서양 정치사상의 근본적인 성격을 규정했다고 해도 과언이 아니다. 모세의 힘과 권력은 바로 이 대표와 동의라는 개념에 의존하고 있었다.[1]

## 고대 해방 서사를 참조한
## 근대 사회계약론

대표와 동의는 대표적인 근대 정치혁명인 미국 독립 혁명의 정신을 기록한 「미국독립선언문」의 기본 원칙에도 반영되어 있다. 이에 따르면 사람들은 자신들의 권리를 확보하기 위해 정부 즉 자신들의 정치적 대표자를 세우고, 정부는 사람들의 동의를 통

---

[1]  서양의 정치적 경험에서 대표와 동의 개념은 함께 발전되어 왔다. 로마법 전통에서 비롯된 대표와 동의는 애초에 공적 영역을 다루기보다 사적 영역을 다루는 개념들이었다. 로마제국이라는 보편적 질서가 무너진 후 작은 정치적 단위로 분화된 유럽에서 이 두 개념은 공적인 통치기구를 구성하는 원리로 재해석된다. 이탈리아 북부의 도시국가들에서 먼저 일어난 이 변화는 영토군주들이 자신의 통치를 정당화하기 위해 지방의 귀족들로 구성된 회의기구를 소집하면서 제도화된다.

해서 정당성을 획득한다. 심지어 이스라엘 백성들은 황금 송아지를 만드는 과정에서도 모세의 형인 아론을 대리자로 내세웠다.

　동등한 사람들 사이에 맺은 약속을 통해 정치가 구성된다고 믿었던 많은 근대 정치이론가들이 고대의 해방 이야기를 거듭 참조했다면 이상하게 들릴지 모르겠다. 그런데 이 모델은 실제로 근대 정치혁명과 사회계약론에 영감의 원천이 되었다. 새로운 정치를 꿈꾸던 사람들은 자신들이 이용할 수 있는 익숙한 해방 서사를 가지고 있었다. 이집트에서 노예 생활을 하던 이스라엘 사람들이 절대적인 유일신과 언약을 맺음으로써 새로운 공동체를 건설하는 주체가 되었듯이, 근대의 사상가와 혁명가들은 동등한 사람들이 공동의 권위를 만들어 내는 방법을 신 앞에서의 평등에서 찾았다.

　신 앞에 모두가 평등하다는 정신을 반영한 「미

---

백성들을 대표하는 회의기구가 중요한 결정에 동의함으로써 "모든 사람이 관련되어 있는 것은 모든 사람이 논의하고 승인해야 한다.(*quod omnes tangit, ab omnibus tractari et approbari debet*)"라는 로마의 격언을 실현한 것이다. David Stasavage, "Representation and consent: why they arose in Europe and not elsewhere," *Annual Review of Political Science* Vol.19 no.1(2016), pp.145~162.

국독립선언문」은 근대정치의 문법 또한 고스란히 드러낸다.

> 우리는 다음과 같은 사실을 자명한 진리로 받아들인다. 즉 모든 사람은 평등하게 창조되었고, 창조주는 몇 개의 양도할 수 없는 권리를 부여했으며, 그 권리 중에는 생명과 자유와 행복의 추구가 있다. 이 권리를 확보하기 위하여 사람들 사이에서 정부가 조직되었으며, 이 정부의 정당한 권력은 지배받는 자의 동의로부터 유래하고 있는 것이다. 또 어떤 형태의 정부이든 이러한 목적을 파괴할 때에는 언제든지 정부를 개혁하거나 폐지하여 인민의 안전과 행복을 가장 효과적으로 가져올 수 있는, 그러한 원칙에 기초를 두고 그러한 형태로 기구를 갖춘 새로운 정부를 조직하는 것은 인민의 권리인 것이다.

이 짧은 문장에 사회계약을 통해 정부를 구성하는 기본적인 원칙들이 축약되어 있다. 정당한 권력은 인민의 동의로부터 유래하며 사람들은 자신들의 권리를 확보하기 위해 정부를 조직하거나 폐지할 수 있다는 발상은 근대 사회계약의 기본 원칙이다.

특히 이 글의 특징은 인민을 여러 유형으로 구별하고 있다는 데 있다. 먼저 권리를 지닌 인민이 있고, 이어 정부를 조직하는 인민이 있다.[2] 정부를 수립하기 이전에 이미 권리가 있다는 가정은 창조주라는 존재를 통해 설명된다. 압제와 해방의 고대 서사에서 신이 대리자를 통해 개입했다면, 근대 사회계약에서 신의 자리는 계약 당사자가 아니라 보증인으로 제한된 것 같다. 신은 더 이상 자신의 백성을 요구하지 않고 사람들도 직접 신과 계약을 맺지 않는다. 신은 단지 인간이 양도할 수 없는 권리를 지닌 평등한 존재라는 사실을 보증하는 역할을 맡는다.

그럼에도 미국 건국자들은 모국인 영국으로부터의 독립이 자연법과 자연의 신을 통해 정당화된다고 믿었다. 앞서 인용한 구절보다 먼저 건국자들은 다음과 같이 선언한다.

---

2    대한민국 헌법이 '국민'이라는 용어로 우리를 규정했다면 여기에서는 '인민'이라는 표현이 등장한다. '국민'을 헌법의 산물로 보면서 '인민'과 구별하는 관점도 있지만, 헌법의 저자로서 주권자가 직면한 문제에 초점을 맞추면 두 용어의 구분은 중요하지 않다. 나는 이 책에서 두 용어를 구별하지 않고 한국의 맥락에서는 '국민'을, 이론을 설명할 때는 '인민'을 사용할 예정이다.

인류의 역사에서 한 민족이 다른 민족과의 정치적 결합을 해체하고, 세계의 여러 나라 사이에서 자연법과 자연의 신의 법이 부여한 독립, 평등의 지위를 차지하는 것이 필요하게 되었을 때 우리는 인류의 신념에 대해 엄정하게 고려해 보면서 독립을 요청하는 여러 원인을 선언할 수밖에 없게 되었다.

신과의 언약이 사람들 사이에서 정부가 조직된다는 원칙으로 수정되었지만, 신의 그림자는 여전히 아른거린다.

오늘날에도 미국의 일부 보수주의자들은 자신들의 헌법을 신의 명령으로 해석하는 경향이 있다. 하지만 미국 헌법을 그렇게 독해하면 생명과 자유와 행복의 원칙조차 제대로 유지되기 어렵게 된다. 미국에서 총기 규제를 요구하는 여론이 높은데도 관련 입법이 난망한 상황을 생각해 보자. 총기를 소지하고 사용할 자유가 신이 주신 권리라면, 그와 같은 위험에 노출되는 사람들의 생명과 자유와 행복은 어디에 호소해야만 하는 것일까? 신의 개입은 세속적인 정치를 가로막는다.

# 필멸의 신 리바이어던

해방 이야기에서 모세가 자의적인 폭력을 행사한 근거는 바로 신이었다. 그런데 근대정치라는 무대에서는 신의 자리가 제한되어 있는데, 우리를 대표하는 정부는 왜 우리의 생명과 자유와 행복을 지켜주는 데 실패할까? 당대에 줄곧 무신론자라는 의혹을 받았던 홉스가 그 이유를 알려 준다. 홉스는 신을 거부한 동시에 정치에 신을 다시 소환한 역설적인 사상가이기 때문이다.

많은 논평가들이 홉스를 근대적 세속화의 대표적 사상가로 해석한다. 정치학자 마크 릴라는 정치와 종교가 분리되는 근대적 양상을 '거대한 분리'로 묘사하면서 홉스를 명단의 첫머리에 올려놓았다. 그에 따르면 홉스적 인간은 신에게 원죄를 지고 그의 은총을 통해 구원받는 존재가 아니라, 자신의 목적을 달성하기 위해 주변의 물리적 세계를 탐구하는 존재다.[3] 종교는 이제 신의 속성으로부터 연역되기보다 인간의 산물로 이해되었다. 홉스는

---

3    Mark Lilla, *The Stillborn God: Religion, Politics, and the Modern West*(Vintage Books, 2008), pp.73~103.

이렇게까지 말했다.

"운명에 대한 근심은 공포를 낳기 쉬울 뿐 아
니라, 다른 사물들의 원인에 대한 탐색을 방해한다.
운명에 대한 근심이 신을 낳기 시작하면 사람들의
수만큼 많은 신이 생겨난다."[4]

홉스의 정치사상에서도 신은 완전히 퇴장하지
않았다.[5] 유일신 관념은 다양하고 이질적인 사람들
이 국가를 수립하고 인민이 되는 과정에서 세우는
대표자의 단일성이라는 유산으로 변형되었다. 홉
스가 국가 수립의 과정을 설명한 대목을 살펴보자.

만인이 만인과 상호 신의계약을 체결함으로써 모
든 인간이 단 하나의 동일 인격으로 결합되는 것이
다. …… 이것이 달성되어 다수의 사람들이 하나의

---

4　　토마스 홉스, 『리바이어던 1』(나남, 2012), 150쪽.

5　　기독교 신에 대한 홉스의 관점은 홉스 연구자들 사이에 가장 논
　　　쟁적인 주제다. 홉스를 전적으로 세속적 정치이론가로서 이해
　　　하면서 기독교에 대한 그의 입장을 일종의 기만적인 방식으로
　　　해석하는 입장이 있는 한편, 그의 종교석 태도를 문언 그대로
　　　해석해야 된다는 입장도 존재한다. 전자의 입장으로는 David
　　　Gauthier, *The Logic of Leviathan*(Oxford: Clarendon Press,
　　　1977). 후자의 입장은 A.P. Martinich, *The Two Gods of Levi-
　　　athan*(Cambridge: Cambridge University Press, 1992).

인격으로 결합되어 통일되었을 때 그것을 코먼웰스 (commonwealth)—라틴어로는 키위타스(civitas)— 라고 부른다. 이리하여 바로 저 위대한 리바이어던 이 탄생한다. 아니 좀 더 경건하게 말하자면 '영원 한 불멸의 하나님'의 가호 아래, 인간에게 평화와 방위를 보장하는 '필멸의 신'이 탄생하는 것이다.[6]

자연은 하나님이 세계를 창조하여 다스리는 기예 이다. 다른 많은 일들에서 그렇게 하듯이 이 자연을 인간의 '기예'로 모방하면 여기에서 보는 바와 같이 하나의 인공동물을 만들어 낼 수도 있다. …… '기 예'는 한걸음 더 나아가 자연의 가장 합리적이고 가 장 탁월한 작품인 '인간'을 모방하기까지 이른다. 즉 기예에 의해 코먼웰스 혹은 국가, 라틴어로는 키위 타스라고 불리는 저 위대한 리바이어던이 창조되는 데, 이것이 바로 인공 인간이다.[7]

이 두 구절은 사회계약을 통해 사람들이 국가 를 수립하는 방식을 묘사한다. 우선 홉스는 사회계

---

6    토마스 홉스, 『리바이어던 1』, 232쪽.
7    토마스 홉스, 『리바이어던 1』, 21쪽.

약으로 탄생하는 국가가 하나의 인격이자 신의 모사물이라는 것을 밝히고 있다. 인간도 신을 모방하여 신을 만든다. '리바이어던'은 성서에 등장하는 바다괴물로, 신이 만든 피조물이면서 지상에서 비교할 대상이 없을 정도로 강력한 힘을 가진 괴물이다. 홉스는 바로 이 상징을 차용해 인간이 신의 기예를 모방해서 지상의 신을 만들 수 있다고 주장했다. 신이 '자연적인' 세계를 창조한 것처럼 인간도 새로운 세계인 '인공적인' 정치를 창조한다. 신이 자신의 형상대로 인간을 만들었듯이 인간은 리바이어던이라는 기계인간을 만든다.

## 하나의 대표자와
## 지켜지지 않는 약속

홉스는 다수의 사람들이 하나의 인격으로 통합되는 과정에서 대표라는 관념을 이용한다. 자연상태의 사람들은 각자를 대표할 수 있는 사람 또는 사람들에게 지신의 권리를 위임(authorization)한다. 권리를 위임한다는 것은 우리를 대표하는 사람(들)의 행위와 말을 나의 행위와 말로 받아들이는 데 동의했다는 것을 의미한다. 마치 변호사가 법정에서 나를 대리하는 것과 마찬가지로 정치적 대표자는 우리를 대리한다.

홉스는 이러한 대표 과정에 동의가 필수불가결하다고 여겼다. 그런데 홉스는 동의라는 개념을 엉망진창으로 만들었다는 비판을 듣기도 했다. 동의가 공포에 의해 이루어진다고 주장했기 때문이다. 계약은 사람들이 자연상태에서 느끼는 죽음에 대한 공포와 주권자가 될 만한 사람이 지닌 힘에 대한 공포로 인해 성립한다. 동의는 자연상태에서 일어나는 상시적인 전쟁에 대한 두려움, 즉 힘에 대한 공포로부터 도출된다. 사람들의 공동의 권위는 신처럼 경외감의 대상이 되어야 한다고 본 것이다.

이제 앞선 질문에 답할 수 있다. 신이 퇴장한 것처럼 보이는 근대정치 무대에서 대표와 동의에 입각한 정치가 대표하는 자들의 자의적인 폭력으로 변화하는 이유는 무엇인가? 이는 정치가 단일한 세계를 표상하는 활동이기 때문이다. 당대에 기독교의 유일신은 통일되고 단일한 세계에 대한 거의 유일한 표상이었다. 오늘날 정치적 대표자는 우리 각자를 대표하는 하나의 관념이다. '각자'가 '하나'로 대표된다는 역설이다. 홉스는 이러한 표상이 만들어지는 과정을 다음과 같이 정식화했다. "하나의 인격을 이루는 것은 대표자의 단일성(unity)이지, 대표되는 자의 단일성은 아니다. 인격을, 그것도 오직 하나의 인격을 지니는 것은 대표자다. 이것이 야말로 다중(multitude)의 단일성을 이해하는 유일한 방법이다."[8]

거대한 이름과 맺는 관계 속에서 우리의 대표자들은 모세처럼 자신들만의 자율적인 공간을 부여받는다. 다르게 말해 우리의 생명과 자유와 행복을 추구하는 과정에서 우리는 배제된다. 이것이 우리가 정치 영역에서 상시적인 무력감에 시달리는 근본적인 이유이며, 약속이 지켜지지 않는 이유다.

---

8    홉스의 대표 관념은 17세기 영국에서 대표제를 둘러싼 의회파와 반의회파 사이의 논쟁의 산물이다. 의회파들은 의회야말로 인민을 대표하는 기관이라는 자신들의 주장을 정당화하기 위해 대표 관념을 이용했다. 이들에 따르면 대표한다는 것은 회화가 실재를 반영하는 것처럼 적절하게 그 대상을 반영해야 한다. 그들은 유사성(resemblance)이 대표의 원리라고 보았다. 의회는 군주제와 달리 인민의 다양성과 복잡성을 적절하고 가장 유사하게 반영할 수 있다는 것이다. 이것은 오늘날 비례적 대표성과 맞닿아 있다. 반면 홉스를 비롯한 반의회파는 대표의 원리를 위임에서 찾았다. 사람들의 위임에 기초하는 한 대표자의 형태와 규모는 중요하지 않았다. 이 논쟁에 대한 간략한 설명으로는 Eric Nelson, *The Royal Revolution: Monarchy and the American Founding*(The Belknap Press of Havard University Press, 2014), pp.66~80.

신의 이름에는 통일된 하나의 세계를 표상하는 다른 어떤 것을 넣어도 좋다. 국가, 국민, 국익, 민족, 인민 등.

## 국가와 민족이라는 이름으로

홉스가 그린 근대정치의 한쪽에는 국가와 국민이라는 신을 모방한 거대한 이름이 있고 다른 한쪽에는 공허한 동의가 있다. 국민의 이름으로 국민을 위한다는 정치는 정작 우리가 정치적 존재가 될 수 있는 가능성을 제한한다. 우리가 원하지 않은 결과조차도 우리가 동의해서 일어난 일이 된다. 우리는 약속을 통해 국가를 수립함과 동시에 국가의 힘에 의해 옴짝달싹 못하는 상태가 된다.

이를 단순히 유일신 전통의 정치문화에서 생기는 문제로만 치부할 수는 없다. 문화와 인종에 근거한 하나의 민족이라는 관념 또한 같은 식으로 작동한다. 동아시아 국가들은 제국주의를 경험하면서 전통적인 왕조 통치 기간을 하나의 민족적 경험으로 재해석하는 데 성공했다. 다만 이 성공은 단지 이념적인 차원에서 이루어진 것이었다. '하나의 중국' 이념은 중국과 대만의 긴장을 해소하기는

커녕 물리적인 전쟁으로 이어질 조짐까지 보인다. 대한민국 헌법은 여전히 북한을 국가로 인정하지 않지만 현실에서는 두 개의 국가가 공존하는 것 같다. 전후 처리 과정에서 천황제를 유지하는 데 성공한 일본은 이웃 국가들과의 관계 정립에 실패했을 뿐 아니라 내부에 존재하는 차별의 문제에도 둔감해진 체제를 만들어 냈다.

오늘날 민족주의는 비서구의 문제만은 아니다. 서양 민주국가들에서는 백인 중산층이라는 민족적 정체성이 인민이라는 정치적 정체성을 대체하고 있다. 백인 민족주의는 2차 세계대전 이후 꾸준히 억제되어 왔지만, 엘리트 정치로부터의 소외와 이민자가 급증하는 상황에 따른 두려움으로 최근 미국과 유럽에서 다시 부상하고 있다.[9] 2017년 폴란드 수도 바르샤바에서 열린 집회에서는 "유럽은 백인의 것"이라는 문구와 함께 "우리는 신을 원한다(We Want God)"라는 구호가 울려 퍼졌다.[10]

---

9    정치학자 프랜시스 후쿠야마는 백인 민족주의로 대표되는 우파 정체성 정치가 좌파의 정치성 정치에 대응하고 모방한 결과라고 해석한다. 프랜시스 후쿠야마, 이수경 옮김, 『존중받지 못하는 자들을 위한 정치학』(한국경제신문, 2020), 176~201쪽.

10   홍주희, 「"유럽은 백인의 것" 폴란드 독립기념일에 6만 명 극우 시위」, 《중앙일보》, 2017년 11월 13일.

일상적 삶의 영역은 어떤가. 가족이라는 관념 속에서 가족이기 때문에, 가족을 위해서 많은 종류의 억압이 정당화된다. 그런 말들은 대개 가족집단 내부에서도 아래로 흐른다. 그러한 이름들로부터 도망쳐 개인이 된 삶은 어떤가. 많은 계약 관계가 지배를 은폐한다. 경영자와 노동자는 계약서상 동등한 사람으로 간주되어 있다는 이유로, 보다 정확히는 계약에 동의했다는 이유로 동등한 관계에 놓였다고 여겨진다. 회사나 학교에서, 친밀한 관계에서조차 폭력을 행사하는 사람들은 하나같이 말한다. '네가 동의하지 않았느냐.' 거대한 이름들을 들먹이거나 불현듯 평등한 계약을 맺은 것처럼 구는 폭력적인 말들. 가까운 공동체로부터 국가에 이르기까지 이 억압적인 경험은 이어진다.

## 강제와 동의 사이

홉스는 왜 성서적 상징을 동원하면서까지 국가를 신에 버금가는 관념으로 만들었을까? 가장 유력한 해석은 홉스가 내전을 경험하면서 자신의 책에 담긴 내전의 가능성을 강하게 의식했다는 것이다.[11] 초기 저작인 『시민론』이 그 사례다.

『시민론』은 모든 정치체제에 앞서 민주정이 존재하고 민회가 군주에게 통치권을 양도한다는 논리를 제시한다. 이에 따르면 통치권을 행사하는 대표자에 반대하는 사람들은 언제든 '진정한' 민주정을 회복할 수 있다. 현실의 통치가 군주정이든 귀족정이든 민주정이든 내전의 가능성은 열려 있다. 이를 인식했기에 홉스는 『리바이어던』에서 민주주의가 정치의 근본적인 원리라는 사실을 부정하고 대표자를 통해서만 단일성이 재현되는 신과 유사한 국가 개념을 제시했다.

이러한 국가 개념 속에서는 위력에 의한 강제와 동의의 구별이 모호해진다. 홉스는 정부의 통치 유형을 그 기원을 기준으로 자연적 정부와 제도적 정부로 구분했다. 자연적 정부란 힘에 의해 수립되는 정부 형태로 군주가 정복을 통해 다른 사람들을

---

11  『리바이어던』은 분명 내전의 산물이다. 하지만 홉스가 내전에서 군주제를 지지하는 보수적 왕당파와 크롬웰을 지지하는 의회파 가운데 어느 입장에 섰는지 여전히 논란거리다. 이 작품은 분명 군주제를 옹호하는 논리를 담고 있지만, 홉스의 오랜 친구들이자 왕실을 지지하는 국교회주의자들이 경악할 만한 종교관을 피력했다. 『리바이어던』은 홉스 자신이 수학 과외교사를 했던 찰스2세에게 바쳐졌지만, 찰스1세가 처형되고 수립된 공화국에 충성할 수 있는 논리를 제공하기도 했다.

지배하는 군주제나 아버지가 아내와 자식, 하인을 지배하는 가부장제 국가가 이에 해당된다. 반면 제도적 정부는 사람들의 합의를 통해 수립된다. 자연적 정부와 제도적 정부의 구분은 『리바이어던』에서 이어지지만 그 설명 방식의 변화는 자못 의미심장하다.

> '획득에 의한' 코먼웰스는 주권이 물리적 힘에 의해 획득된 코먼웰스를 말한다. …… 이러한 종류의 지배 혹은 주권이, 설립에 의한 코먼웰스와 다른 점은 단 한 가지뿐이다. 즉 설립에 의한 코먼웰스는 사람들이 (주권을 맡긴 사람에 대한 두려움이 아니라) 상호 간의 두려움 때문에 주권자를 선택하여 수립되는 데 반하여, 획득에 의한 코먼웰스는 사람들이 두려워하는 바로 그 사람에게 복종함으로써 수립된다는 것이다. 어느 쪽이든 모두 공포 때문에 수립된다.[12]

이처럼 『리바이어던』의 홉스는 정부 사이의 구별을 무의미하게 만들면서 모든 정치가 공포의 산물이라고 주장했다. 반면 『시민론』의 홉스는 모든

---

12    토마스 홉스, 『리바이어던 1』, 264쪽.

정체에 앞서 민주제가 존재했다고 믿었으며, 그것은 공포가 아니라 상호 신뢰에 기반해야 한다고 보았다.[13] 사회계약 자체가 자기보존의 욕망과 타인에 대한 두려움에서 비롯된다는 점은 기본이다. 그럼에도 『시민론』에서 홉스는 제도적 정부의 기원이 "상호 간의 계약과 신뢰를 토대로 상호 간에 대한 의무가 있는 많은 사람의 동의"[14]라고 명시했다. 하

---

13    오늘날의 관점에서 홉스를 순수하게 민주주의자로 규정하는 것은 분명 어려운 일이다. 많은 홉스 연구자들이 홉스가 민주적 통치보다 군주 한 사람에 의한 통치를 선호했다는 점을 지적한다. 홉스는 분명 국가가 단일한 의지를 대표한다고 설명했다. 하지만 『법의 기초』와 『시민론』과 같은 홉스의 초기 저작은 민주정을 옹호할 수 있는 논리들을 반영하고 있다. 특히 『시민론』은 주권과 통치를 구별하면서 오늘날 국민주권과 입헌정부를 구별하는 초보적 논의를 제공해 주기도 한다. 홉스는 분명 민주정이 효율적인 통치 방식이 아니라고 줄곧 주장했지만, 이는 과학적 결론이 아니라 단지 개연성 있는 주장에 그친다는 점을 인정하기도 했다. 민주주의에 대한 홉스의 비판에 대한 개괄적인 설명으로는 Alan Apperley, "Hobbes On Democracy," *Politics* Vol.19 no.3(1999), pp.165~171. 홉스의 정치학에서 민주주의 문제가 점차 주변화되어 가는 점에 대한 최근 논의로는 Christopher Holman, "That Democratic Ink Must Be Wiped Away: Hobbes and the Normativity of Democracy," *The Review of Politics* Vol.83(University of Notre Dame, 2021), pp.305~328.

14    토마스 홉스, 이준호 옮김, 『시민론』(서광사, 2013), 153쪽.

지만 『리바이어던』에서 백성들은 신에 대한 경외감과 동일한 방식으로 국가에 경외감을 느낀다.

## 우리의 이야기를 찾아서

홉스의 정치사상이 지닌 미묘한 이중성은 우리가 일상적으로 마주치는 정치현실을 드러내는 동시에 그것이 근대정치의 궁극적 결론은 아니라는 사실을 보여 주는 일종의 매듭이다. 우리는 이 매듭을 다시 풀면서 다른 방식으로 묶을 가능성을 찾을 수도 있다.

나는 이 책에서 홉스의 이중적 면모를 일관성 있는 하나의 철학으로 이해하려 하기보다 변화에 주목하면서 오늘날 정치를 이해하는 문법을 찾는다. 민주주의자로 쉽게 규정할 수 없는 홉스의 탐구 여정을 따라가다 보면, 동등한 사람들의 회합이라는 민주주의의 이상이 효율적인 통치와 질서의 안정을 추구하는 국가의 논리와 충돌하는 지점들을 발견하게 된다.

『시민론』의 홉스는 위력과 동의의 구별을 유지했다. 반면 『리바이어던』의 홉스는 공포심에 의해 강요된 동의도 동의라고 했다. 두 얼굴의 홉스

사이에서 나는 현실 정치에서 우리가 처한 난점과 돌파구를 찾을 수 있다고 생각한다.

거대한 이름을 지탱하는 대표와 동의의 정치는 투표 행위로 환원되지 않는다. 국민은 양적 숫자의 합이 아니며, 투표가 없는 기간에도 호명되기 때문이다. '국민'은 오늘날 환영받는 단어가 아니다. 도처에 있다가 사라진 국민이라는 말은 억지로 '우리'를 만들었던 기억들을 환기한다. 국민학교에서 「국민교육헌장」을 외우고 무시로 국민의례를 하던 세대도 있었다. 그렇다고 국민이라는 말을 헛소리라고 치부해 버릴 수는 없다. 그것은 엄연한 정치의 현실이기 때문이다. 국민이라는 단어 없이는 광범위한 영토 안에서 지속적으로 이루어지는 정치적 경험을 기술할 수도 없고 정당화하기도 어렵다.

나는 국민을 호명하는 말들을 헛소리로 흘려듣지 않고 그 말들을 받아서 할 수 있는 긴 이야기가 있다고 믿는다. 어떤 정치인이 국민을 위한다고 짐짓 너스레를 떨 때, 정당이 자신들이 국민의 선택을 받았다고 말할 때, 정부가 너무 쉽게 국민통합을 이야기할 때, 그 말을 받아서 긴 이야기를 우리의 말로 다시 시작하자. 공포에 의해서 위에서부터 만

들어지는 우리가 아니라, 희망을 가지고 아래로부
터 솟아오르는 우리의 이야기 말이다. 이제 아슬아
슬한 변화의 이야기로 넘어가 보자.

# 2부  우리를 바꾸는 아슬아슬한 약속

"국가를 수립할 의도로 함께 만난 사람들은
자신들이 만난다는 바로 그 사실 때문에 민주정이다."
— 홉스, 『시민론』

# 5장

# 우리가 놓인
# 좀비 상태

매미의 허물을 본 적 있는가? 한여름 요란하게 울려 퍼지는 매미소리를 좇아 도심의 가로수들을 살펴보면 손 뻗으면 닿을 만한 높이에 매달린 황금빛 매미 허물들을 발견할 수 있다. 나는 한 어린이가 허물을 흥미롭게 관찰하는 것을 목격했다. 매미의 모양을 그대로 하고 있지만 속은 텅 빈 허물이 흥미를 자아내는 이유는 무엇일까?

매미는 5년에서 7년을 땅속에 유충으로 살다가 어느 날 밤 나무에 기어올라 허물을 벗고 성충이 된다. 땅속에 있는 유충은 우리 눈에 보이지 않지만 어린이들은 이 허물을 보고 매미의 변태 과정을 상상할 수 있다. 허물은 매미가 변태하는 존재라는 사실을 보여 주는 증거다. 어린이들이 허물을 채집하는 것은 매미가 유충에서 성충이라는 전혀 다른 상태로 변화했다는 사실을 탐구하는 활동인 셈이다.

## 변태 이전의 자연상태

호기심 많은 아이들과 마찬가지로 어떤 어른들은 인간들이 어떤 상태에 있는지 알기 위해 인간이 벗어 놓은 허물을 찾는다. 유충이 없다면 성충도 없다. 마찬가지로 어떤 상태의 인간이 없었다면 현재 상태의 인간도 없다.

사회계약론자들은 인간의 허물을 찾아 나선 이들이다. 인간이 지금의 모습 그대로 살았던 것이 아니라 어떤 상태에서 다른 상태로 변태했다는 것이 연구 가설이다. 그렇다면 변태 이전의 인간은 어떤 상태였단 말인가? 사회계약론자들은 바로 이 상태에 '자연'이라는 이름을 붙여 인간이 본성대로 사는 상태로 가정했다.

정치적 존재인 인간의 변태는 국가의 유무를 기준점으로 삼는다. 자연상태란 자연스럽고 목가적인 상황이 아니라, 국가가 없는 상태다. 영어의 자연(nature)이 본성을 뜻하듯 이 상태는 인간의 본성을 추적하는 시험대이기도 하다. 사회계약론자들은 자연상태의 인간의 모습에 대한 다양한 이야기를 만들어 냈지만, 바탕이 되는 판본은 국가 없는 인간들의 삶이 일종의 전쟁이라는 것이다. 인간들은 제한된 재화를 둘러싸고 경쟁하지만 자연상태에서 분배를 결정할 수 있는 권위란 없다. 심지어 어떤 것이 누구의 소유인지, 무엇이 옳은지도 합의할 수 없다. 인간은 본성상 정치적인 삶을 영위하는 존재가 아니다. 무엇보다도 자연상태의 인간은 서로가 서로를 언제든 죽일 수 있는 상태다. 누구든 숙면을 취할 땐 무방비가 된다는 점에서 영원한 강자도 없다. 홉스는 이를 "외롭고 곤궁하며 끔찍하고 잔인하며 단명하는"[1] 상태라고 표현했다.

자연상태는 인간들이 시민적 삶을 살기로 합의하고 공동의 권위를 만드는 약속의 과정에 참여할 때 해소된다. 인간은 야만의 전쟁상태를 벗어나 문명의 사회로 이행하면서 정치적 존재가 된다. 다르게 말해 우리의 현재 상태를 지탱해 주는 것은 바로 우리의 이전 상태인 셈이다. 매미의 본능적인 변태와 달리, 인간은 구조를 스스로 바꾸며 비로소 변태한다. 매미의 변태가 자연스러운 본성의 결과라

---

1    토마스 홉스, 『리바이어던 1』, 172쪽.

면, 인간의 변태는 의지의 결과다. 우리는 서로 약속을 하면서 우리의 상태를 변화시킬 수 있다. 우리의 허물은 약속에 기입되어 있다.

이것이 내가 2부에서 말하고 싶은 약속으로서의 정치에 대한 짤막한 요약이다. 인간은 자연상태에서 일련의 사회적 규칙들에 합의하면서 정치적 존재가 된다. 약속은 정치적 인간이 변태하는 존재라는 사실을 보여 주는 허물이다. 하지만 매미의 허물이 쉽게 부스러지듯이 인간들이 맺는 정치적 약속은 위태롭기 그지없다.

## 「오징어 게임」
### 오늘날의 자연상태

사회계약론자의 이야기가 너무 고리타분하다면 오늘날 사람들이 만들어 내는 자연상태에 대한 이야기를 해 보자. 일종의 게임으로서의 자연상태. 이때 게임은 보통 폐쇄적인 공간에서 참가자들이 서로를 살육하도록 설계된다. 게임의 규칙은 대략 이렇다. 정해진 기간 동안 참가자들은 자신의 능력을 발휘해 다른 참가자들을 죽이고 생존해야만 한다. 오직 최후의 한 명만이 게임에서 탈출할 수 있다.

참가자들은 종종 경기장으로부터 이탈을 감행하지만 대개 불가능한 것으로 판명된다. 사람들이 게임에 참여하는 이유는 다양한데, 몇 가지 유형이 있다. 국가권력에 의해서 강제적으로 만들어지는 게임이 있는가 하면(「배틀로얄」), 국가권력의 설계와 참가자들의 경제적 처지가 결합된 경우도 있고(「헝거게임」), 순수하게 경제적 이유로 참가하는 버전도 있다.(「오징어게임」)

　　게임은 서로가 서로를 죽이는 경쟁사회의 비극적 패러디에 가깝다. 사람들은 게임 참가자들의 아슬아슬한 생존경쟁을 간접적으로 경험하며 게임 세계가 사회의 반영물이라고 생각하게 된다. 게임은 능력주의 신화를 구현하며 사람들에게 대리 충족 경험을 선사하는 동시에 현실의 불평등에 대한 성찰을 요구한다. 게임의 윤리적 목표는 게임을 통해 드러나는 현실 사회의 불평등을 생각하게 만든다는 데 있을 것이다. 사회에서 가장 열악한 사람들끼리 생존을 걸고 싸우는 아이러니. 사회는 빈자들의 전쟁터다.

　　그런데 게임은 불평등한 사회의 모형일 뿐 아니라 아니라 자연상태의 재현이기도 하다. 이들 게임극의 공통적인 특징은 게임 속에서 참가자들이 일종의 윤리적 변화를 겪는다는 것이다. 조작된 자연상태 속에서 참가자들은 상대와 협력하고 또 신뢰하는 방법을 배우기도 한다. 나아가 어떤 참가자들은 게임의 승자가 되기보다는 게임에서 허용하지 않는 방식으로 게임을 탈출해 '우리'가 되려고 한다. 게임 참가자들은 살육을 위해 설계된 게임에서도 연민을 학습하거나 타협을 배우고 배신을 당한다.

「배틀로얄」에서 게임에 참여한 몇몇 학생들은 한 명만 생존할 수 있다는 게임의 규칙을 어기고 함께 살 방법을 끊임없이 모색하고, 「헝거게임」의 참가자들은 게임을 지속시키려는 권력자에 저항하는 상징적 인물을 살리기 위해 스스로 희생하기도 한다. 「오징어 게임」에서 주인공 기훈은 게임에 유리한 건강한 성인 남성의 제안을 거부하고 나약한 노인인 일남과 한 팀을 이룬다. 기훈과 일남은 내 것과 네 것을 구분하지 않는 '깐부'가 되기로 손가락을 걸고 약속을 맺기도 한다. 하지만 서로의 구슬을 뺏어야만 살 수 있다는 사실을 깨달은 순간 기훈은 일남의 오락가락한 정신을 이용해 승기를 잡으려한다.

게임에서 벗어날 방법이 명시적으로 도입된

경우도 있다. 「오징어 게임」의 게임 규칙 3항에 따라 참가자들의 과반수가 동의하면 게임을 중지할 수 있다. 마치 자연상태에서 사람들이 과반수의 동의를 통해 사회를 만드는 것과 같다. 게임은 자연상태의 축소판이다. 인간들은 반강제로 게임상태로 진입해 자신의 본성을 시험받는다. 기훈은 해당 규칙을 근거로 친구와 게임을 탈출하려고 시도한다.

자연상태와 게임상태에는 분명한 차이가 있다. 바로 조직화된 폭력의 개입 여부다. 드라마에서 게임을 설계하고 유지하는 것은 자연이 아니라 사람이다. 게임상태는 참가자들이 가진 자연적인 힘의 평등이 아니라 총이 부여하는 힘의 인위적 평등에 의존한다. 자연적인 힘의 균형 속에서 사회가 출현할 수 있다는 역설적 마법에 주목했던 사회계약론자들과 달리 게임 설계자들은 사회가 출현하려고 할 때마다 개입해서 게임상태로 재돌입하게 만든다. 게임 밖에 이미 고도로 제도화된 힘이 존재하기 때문이다. 게임 설계자들은 참가자들이 행여나 규칙을 어기고 게임이 허락하지 않는 약속을 체결하고 '우리'가 되려고 할까 봐 전전긍긍한다. 그런 점에서 게임은 인위적 자연상태, 가짜 자연상태다.

게임으로부터의 탈출이 언제나 실패하는 이유

는 무엇일까? 또 자연상태가 하나의 게임이라면 참가자들은 어떻게 무기를 내려놓고 평화의 테이블에 둘러앉을 수 있을까? 게임과 자연상태의 연관성에 주목했던 게임이론가들이 힌트를 줄 수 있다. 이들은 자연상태가 '죄수의 딜레마'라는 게임과 유사하다고 본다.

설정은 훨씬 단순하다. 두 죄수가 분리된 독방에 갇힌 상태에서 다음과 같은 선택지를 받는다. 둘 다 자백을 하면 짧은 형기를 살고, 만약 상대만 자백을 한다면 자백을 하지 않은 사람이 더 긴 형기를 산다. 물론 둘 다 자백을 하지 않으면 함께 풀려날 것이다. 독방에 갇힌 죄수의 딜레마는 상대가 무슨 선택을 하든 자백을 하는 것이 자신에게 유리한 상황을 그린다.

두 죄수가 딜레마에 빠져 서로를 고발하는 상황에 이르지 않으려면, 즉 게임으로부터 이탈하려면 이들 간의 신뢰를 뒷받침할 외부의 힘이 있어야 한다. 죄수들에게는 조직 보스의 강력한 영도력이 필요했을 것이다. 사회계약은 신뢰를 보증할 공동의 권위를 설립하는 과정이다. 대중매체가 재현하는 게임들은 바로 이와 같은 딜레마를 정반대로 이용함으로써 게임에서 약속의 가능성을 차단한다.

게임에는 공동의 권위를 설립하기 이전에 조직화된 폭력이 깊숙이 개입되어 있다.

흥미로운 점은 게임이론이 자연상태를 일종의 독방으로 본다는 것이다. 독방은 서로 협의하고 대화할 수 없는 장소의 은유다. 서로 대화할 수 없다는 가정은 의미심장하다. 대화할 수 없다는 것은 서로 약속할 수 없고 약속의 이행을 확인할 수 없다는 뜻이다. 게임 설계자들은 마치 독방에 있는 죄수를 다루듯 참가자들이 진정한 대화를 시도하는 것을 차단한다.

## 약속할 수 없는 좀비 상태

오늘날 게임 서사만큼이나 인기를 얻고 있는 좀비물은 대화할 수 없음에 대한 진정한 메타포다. 게임이 만드는 가상의 자연상태가 조직화된 힘에 의해 설계된다면, 좀비는 보다 자연 발생적인 재해에 가깝다.

영화 「부산행」은 공단에서 흘러나온 물질로 인해 고라니가 좀비가 되면서 시작된다. 좀비를 만들어 낸 물질의 출처는 영화에서 명확히 드러나지 않는다. 문제의 정확한 원인을 알 수 없으므로 공포는 배가된다. 생존게임의 전쟁상태가 게임 운영자들의 개입으로 만들어진다면, 좀비의 탄생에 권력의 개입은 부차적이다. 생존은 인간과 좀비의 경계선에서 결정된다. 물릴 것인가, 물리지 않을 것인가. 이때 공동의 권위라 할 수 있는 국가권력은 대개 무능력하고, 우리는 좀비들과 더불어 디스토피아에서의 탈출을 상의할 수 없다. 좀비라는 상태는 오늘날 약속으로서의 정치가 파국에 이르렀다는 사실을 상징적으로 보여 준다.

게임과 좀비 서사의 종착점은 약속이 아니다. 게임서사와 좀비물은 인간이 변태하는 존재라는 가정을 받아들이는 것 같지만, 결정적으로 공동의 권위를 만들어 내는 일에 실패한다. 게임은 가짜 자연상태를 통해 현실의 질서와 권력을 정당화한다. 봐라, 인간은 질서가 없다면 이렇게 서로를 살육하는 위험한 짐승이다. 질서는 그것이 어떤 형태이든 무질서보다 낫다! 그리고 좀비는 우리가 언약을 체결할 수 없는 존재로 전락하고 있다는 것을 보여 준다.

우리는 결국 대화할 수 없다. 따라서 약속도 불가능하다. 인간은 자신의 생존 외에는 관심을 둘 여력이 없으며, 위험한 상태에서 벗어날 수 없다. 변태의 과정은 거꾸로 일어나 폐쇄적인 상태가 금

세 영구화된다. 인간은 결국 허물을 벗지 못한다. 이러한 서사에 따르면 지금 우리는 사실상 변태 불능의 상태에 처해 있다.

# 6장

# 고독과 공포에서
## 탈출하기

코로나19 시대의 방역과 격리, 사회적 거리두기 등의 조치는 사람들을 고독한 상태로 내몬다. 가까운 친구부터 가족들까지 모두가 거리두기의 대상이 된다. 직장은 폐쇄되고 학교는 문을 닫는다. 악수도 더는 사회적 미덕이 아니다. 감염병 시대 정부는 시민들의 이동을 제한할 수도 있다. 감염이 의심스러운 상황이라면 당신은 정부의 명령에 따라 집에 머물러야만 한다. 병에 걸렸다면 정부는 당신을 강제로 병원으로 이송할 수도 있지만, 가족과 친구들은 당신을 방문할 수 없다.

　감염병에 걸렸다면 당신은 일단 정부를 신뢰할 것이다. 정부는 응급 상황이 되면 병원으로 이송해 주겠다며 일단 약을 보낸다고 약속한다. 당신은 자연상태를 벗어나 공동의 권위를 만들기로 합의한 성실한 시민이므로 정부의 약속을 믿어 보기로 한다. 그런데 한밤중 갑자기 고열에 시달리고 호흡은 점점 어려워지는데 보건소에서 보내 준다는 약은 오지 않는다. 119에 전화해도 갈 수 있는 응급실이 없다는 말만 듣게 된다. 정부의 분류표에 따르면 고위험군이 아니니 조금 더 참아 보라고 한다. 이때 당신은 격리 조치를 성실히 이행하고 집에 있어야 할까? 아니면 격리 조치를 위반하고 집을 나서 자구책을 마련해야 할까?

홉스는 바로 이와 같은 상황에서 자연상태가 도래한다고 말할 것이다. 그렇지만 자연상태는 모든 사람이 서로를 죽일 수 있는 잠정적인 전쟁상태이지 않았던가? 감염병과 전쟁은 무슨 관련이 있을까?

## 전쟁과 전염병

"전쟁이 오면 역병도 따라온다."[1] 서구에서 감염병

---

1    투키디데스, 천병희 옮김, 『펠로폰네소스 전쟁사』(숲, 2011), 181쪽.

에 대한 최초의 기록을 남긴 고대 역사가 투키디데스는 옛 시구를 인용하며 이렇게 썼다. 카뮈는 『페스트』의 서막을 전쟁에 대한 환기로 시작하려 했다고 한다. 영국의 종교적 내전을 목격한 홉스도 전쟁을 서로 다른 종파 간의 싸움으로 묘사하지 않고 오히려 팬데믹의 모습으로 그리고자 했다. 감염병이야말로 진정한 전쟁이란 무엇인지를 보여 준다고 여겼기 때문이다. 그렇다면 홉스는 감염병과 전쟁의 이미지를 어떻게 연결했을까?

단서를 제공해 주는 그림이 있다. 바로 홉스가 직접 기획했다고 알려진 『리바이어던』 표지 그림이다. 그림의 전반적인 모습은 이렇다. 사람들의 몸으로 구성된 거대한 인간이 왕관을 쓰고 한손에는 검을 다른 손에는 지팡이를 들고 서 있다. 그는 한 마을을 굽어보고 있다. 마을은 텅 비었고 그 양옆으로 세속권력과 교회권력을 상징하는 기물들이 위에서 아래로 도열되어 있다. 홉스는 사람들로 구성된 하나의 신체가 절대적인 힘을 구현할 때 공동의 권위가 탄생한다고 보았다.

이 그림에는 전염병 시대의 암시가 등장한다. 바로 리바이어던이 굽어보고 있는 마을의 모습으로, 페스트 시대의 유럽을 표현한다. 황량한 골목

『리바이어던』(1651) 표지 그림

고독과 공포에서 탈출하기　　　105

에는 무기를 든 몇몇 사람들만 보인다. 하지만 화면 중앙부를 자세히 보면 새부리를 모방해 만든 가면을 쓴 두 명의 페스트 의사가 걸어가고 있는 것을 볼 수 있다. 유럽의 페스트 의사들은 밀랍을 바른 망토에 가면을 쓰고 환자들을 돌보았다. 가면 안에는 향료와 밀짚을 넣어서 나쁜 공기를 차단했다고 한다. 홉스는 전염병 시대의 마을을 자신이 구상하는 정치의 핵심적인 심상으로 삼았다.

## 무리 짓고 적대하는 사람들

이탈리아의 철학자 조르조 아감벤은 이 거대한 인간이 바라보는 마을이 텅 비어 있다는 사실에 주목하면서, 홉스의 도상이 자연상태가 아니라 계약을 통해 성립한 국가의 모습을 암시한다고 해석한다.[2] 사람들은 공동의 권위를 만들지만 한편으로는 그 권위 아래 모습을 감춘다.

아감벤은 홉스의 『시민론』 7장을 직접 인용하면서, 왕을 선택한 뒤 인민은 무리가 된다는 사실

---

2    조르조 아감벤, 조형준 옮김, 『내전: 스타시스, 정치의 패러다임』(새물결, 2017), 70~88쪽.

을 강조한다. 이때 무리는 하나의 의지로 결합된 하나의 인격이 아니라 여러 갈래로 분열된 서로 다른 사람들이라는 점이 문제다. 주권자를 만들고 해체된 사람들은 "도시에 거주하지만 그저 주권을 행사하는 자들의 지시와 치료 대상"[3]일 뿐이다.

아감벤에 따르면 사람들의 신체로 이루어진 단일한 정치적 신체, 즉 리바이어던이란 착시에 의한 환상이자 허구다. 이러한 착시는 잘 깎인 렌즈를 통해 볼 때 여러 인물이 겹쳐지며 마치 한 인물처럼 보이는 광학 기술의 사례로 설명된다. 그러니까 도상에는 정치적 존재로서의 인민도 없고 지배 대상인 백성도 없다. 단지 텅 빈 마을을 굽어보는 단일한 인격만이 존재한다. 인민은 주권자를 세우는 동시에 무리로 해체된다.

도상으로 재현할 수조차 없는 '무리'들 사이에서 언제든 내전이 일어날 수 있다는 것이 아감벤의 주장이다. 아감벤은 홉스적 다중(multitude)을 두 종류의 무리로 구별하면서, 주권자를 만들고 '해체된' 무리가 다시 자연상태의 '통일되지 않은' 무리로 돌아가는 과정에서 내전이 일어난다고

3   위의 책, 82쪽.

지적한다.[4] 내전은 사회를 가로지르는 정치적 전선이 국가 질서를 무너뜨리는 상황을 말한다. 아감벤에게 자연상태란 무리들 사이에서 일어나는 내전인 셈이다. 이 해석에 따르면 전염병은 인간을 홀로 두기보다도 익숙한 정치적 전선을 강화하는 역할을 한다.

현실은 이러한 분석이 옳다고 말하는 것 같다. 정부의 방역 조치에 대한 개인의 입장은 과학적 사실과 믿음에 의존하기도 하지만 대개 익숙한 정치적 적대감에 기댄다. 인종과 종교가 대립하는 사회라면 감염병은 그 익숙한 전선 위에서 정치적 파열음을 더한다. 사람들은 눈에 보이지 않는 바이러스보다 눈에 보이는 사람들을 더 두려워하기 마련이다. 두려움은 때때로 증오로 변한다. 미국과 유럽에서 아시아인들은 바이러스의 전파자가 된다. 아시아에서는 중국인이 혐오의 대상이 된다.

감염병에 대한 정부 조치도 다양한 정치적 분파를 만들어 낸다. 자영업자들은 정부가 영업제한 조치를 내리는 것이 마뜩잖다. 정부에 협조적이던 자영업자들도 상황이 길어질수록 불만이 쌓여 간

4    위의 책, 87~88쪽.

다. 반면 영업제한 조치에 타격을 받지 않는 사람들은 이러한 불만을 덜 공유하기 마련이다. 바이러스를 퇴치해 줄 것으로 기대되는 백신은 어떤가? 많은 사람들이 정부의 백신 조치에 협조적이지만 여전히 반대파가 생긴다. 정부가 추가적인 접종을 시도할 때마다 백신을 찬성하는 사람들과 그렇지 않은 사람들의 골은 더욱 깊어진다. 심지어 백신에 대한 전혀 다른 과학적 믿음을 견지한다. 우리가 경험한 대로 익숙한 정치적 전선이 강화되고, 서로 다른 마음들이 격렬하게 부딪친다.

## 철저한 고독을 상상하기

아감벤과 달리 홉스는 익숙한 정치적 전선에 따라 발생하는 전쟁을 자연상태의 이미지로 삼지 않았다. 홉스의 자연상태에서 전선은 고독한 개인들 사이에 그어진다. 전염병의 이미지는 시민들의 부재를 표현하기보다 법의 부재를 독자에게 상기시킨다. 투키디데스는 아테네에 휘몰아친 역병에 대해 이렇게 기록했다. "신들에 대한 두려움도 인간의 법도 구속력이 없었다. 인간의 법에 관해 말하자면, 재판을 받고 벌을 받을 만큼 오래 살 것이라고 기대하는 사람은 아무도 없었다."[5] 홉스는 투키디데스의 애독자이자 번역자였다.

실제로 팬데믹 상황은 인간이 무리 짓는 것을 근본적으로 방해한다. 감염병에 걸릴 가능성이 있는 인간은 모일 수 없고 함께 대화할 수 없다. 집회는커녕 장례도 치를 수 없다. 사회적 거리두기의 전선은 무리들 사이에서가 아니라 개별적인 인간들 사이에 그어진다. 정부의 구호 조치가 없는 상황에서 집 밖으로 나설지 말지 결정해야 하는 고독한 인간이야말로 홉스의 이론적 출발점이라고 할 만하다. 이처럼 자신의 생존을 스스로 판단해야 하는 고독한 상황에서 자연상태는 도래한다.

감염병 시대는 사회의 정치적 기초가 집단이 아니라 개인이라는 사실을 보여 준다. 자연상태는 국가가 없는 상태에서 마주치는 인간 실존의 문제를 드러낸다. 그리고 이렇게 순수한 나 자신으로 돌아갈 수 있을 때 기존의 익숙한 정치적 전선을 넘어설 수 있는 가능성도 열린다. 결국 자연상태를 상상한다는 것은 내전의 영겁회귀로부터 탈출하는 길을 연다는 의미다. 홉스가 기획한 도상 속 마을은 국가

---

5    투키디데스, 앞의 책, 181쪽.

질서 아래에 놓인 사회가 아니라 고독한 개인들의 자연상태를 나타낸다. 더 정확히는 사람들에게 국가가 없는 자연상태가 무엇인지 환기하는 역할을 한다.

## 언제든 찾아올 자연상태

공동의 권위 아래에서도 우리는 편향을 피할 수 없고, 사람들은 사회 속에서 계속해서 무리를 짓고 편을 나눈다. 홉스는 끊임없이 출몰하는 이 내전 상황을 벗어나고자 했다. 내전을 눈앞에서 목격했던 사상가는 내전의 원인과 탈출구가 모두 인간의 본성에 있다고 보았다. 무리 사이에서 일어나는 내전에서 벗어나기 위해서는 다시금 자연상태로 돌아가 개별적 인간이 처한 상황을 들여다봐야 한다는 것이다. 자연상태에는 안전에 대한 합의 기준이 없다. 인간이 저마다 위기를 인식하는 기준이 다르기 때문이다. 특히 자신의 생존이 달린 문제에 대해 합의된 기준을 마련하기 어렵다. 홉스는 이렇게 묻는다. 당신은 페스트를 경험하지 않았는가? 바로 그때가 인간의 본성이 드러나는 자연상태다. 그리고 자연상태에는 공통된 기준이 없다는 것, 바로 그 사실로 인해 약속이 시작된다.

우리는 팬데믹이 일상이 된 시간을 경험했다. 17세기의 책 표지 이미지가 2020년대 사회적 거리 두기와 겹쳐진다면, 자연상태는 한 번의 계약으로 사라지는 상황이 아니라 우리 주변을 부유하고 맴도는 현상이라고 할 수 있다. 정부는 저마다 편향을 벗어나 무엇이 옳은지 그른지를 결정한다. 전염병 시대에는 특히 그렇다. 그러나 정부의 지침은 모든 상황을 촘촘하게 규율할 수 없고, 정부의 지침을 잘 따른다고 해서 바이러스를 비껴갈 수 있는 것도 아니다. 감염자 수가 폭증하는 팬데믹의 새로운 국면마다 새로운 자연상태가 나타났다.

자연상태는 국가와 사회라는 현존하는 질서가 등장하기 이전 잠시 등장했다가 사라지는 전주곡이 아니라 지속저음에 가깝다. 음악 속에서 반복되면서 변화하는 저음처럼, 자연상태는 사라지지 않고 부유한다. 당신이 홀로 외롭게 자신의 생명을 지켜야 하는 순간 자연상태는 어김없이 찾아온다. 그 사실을 잊지 않을 때 사회를 가로지르는 익숙한 정치적 전선으로부터 탈출할 계기를 찾을 수 있다.

# 7장

# 저자가 되는 방법

저자와 그가 쓴 책의 관계는 신이 그가 만든 세계와 맺는 관계와 유사하다. 저자는 창조주로서 자신만의 세계를 만든다.

그런데 생각해 보면 신은 세계를 만들기 전부터 신이다. 신은 신이기 때문에 세계를 만들 수 있다. 그렇다면 저자도 책을 쓰기 위한 자격이 있어야 하는 것은 아닐까? 말하자면 저자 역시 저자이기 때문에 책을 쓸 수 있다는 명제가 성립하는가? 누군가가 창조한 세계의 독자로만 살다가 나에게 그런 기회가 주어졌을 때 다른 저자들이 다 저마다 신처럼 보였다고 한다면 과한 고백일까.

요즘 책들은 표지나 책등, 책날개로도 부족한지 띠지를 꼭 써 가면서 저자가 책을 쓸 자격이 얼마나 충분한지 웅변하는 것 같다. 서울대 교수라거나, 유명한 인플루언서라거나, 권위 있는 상을 받았다거나, 심지어 유명한 친구들이 많아서 이 저자를 보증해 준다는 식으로 말이다. 책들은 독자 당신이 아는 바로 그 사람이 이 책의 저자라고 말한다. 그런데 교수도 아니고, 권위 있는 상을 받지도 못했으며 유명한 친구도 많지 않은 나는 저자이기 때문에 책을 쓴다는 명제에 부합하지 않는 것처럼 느껴진다.

## 새로운 세계를 만들 자격

동서양을 막론하고 고대부터 근대까지 정치혁명을 주도하는 사람들이 직면했던 딜레마가 이와 같았다. 새로운 세계를 만들려는 이들은 이 땅에서 스스로 신과 같은 자격이 없다는 곤혹감에 시달렸다. 그래서 그들은 자신의 과업이 어디까지나 옛것을 회복하는 것이라는 말을 반복했다. 천명을 받은 동양의 군주들은 몇 차례 옥쇄를 거부하는 시늉을 하고서야 창업을 감행했고, 최초의 근대적 정치혁명이라고 할 만한 영국의 명예혁명은 공식적으로 옛 제도를 복원한다는 이상에 충실했다. 미국 건국자들은 애당초 혁명을 한다고 여기기보다 고대로부터 지속되어 온 영국인의 권리를 회복한다고 인식했다. 반대로 저자가 되는 일의 딜레마를 과감하게 끊어 버리고 신이 되고자 했던 프랑스혁명 당시 혁명 정부의 통치는 공포정치로 이어졌다.

우리가 사람들 사이의 약속을 통해 정부를 수립하고 폐기한다는 관념은 가히 근대적이다. 그런데 약속의 목록들을 담은 문서인 헌법과 헌법의 저자인 인민의 관계는 여전히 해묵은 난제 속에 놓여 있다. 마치 내가 이 책을 쓰는 매일매일 곤혹감을 느낀 것처럼, 인민은 자신이 헌법의 저자가 될 수 있는지 답하는 데 실패하는 존재에 가깝다. 인민은 어떤 자격으로 감히 헌법을 쓰는가?

인민이 직면하고 있는 곤혹의 실체는 한 사람의 저자가 겪는 상황에 비할 바가 되지 못한다. 왜냐하면 인민은 여러 사람들로 이루어진 집단이기 때문이다. 누가 인민에 속하는지부터 결정해야만 한다. 우리는 무엇을 참조해 인민의 경계를 확정할 수 있을까? 현실에서 정치 공동체의 구성원은 법이 결정한다. 헌법은 우리 인민의 정체성을 "대한민국임시정부의 법통과 4·19민주이념을 계승"하는 사람들로 규정하고, 실정법으로서의 국적법은 누가 인민에 속하는지 구체적으로 결정한다. 이제 인민은 그 자신의 창조물인 법의 산물이 된다. 이러한 관점에 따르면 애석하게도 인민은 저자가 될 자격이 부족해 보인다. 모든 권력이 국민으로부터 나온다는 관념은 환상 아닐까?

## 저자가 먼저냐 책이 먼저냐,
## 루소의 역설

인민이 어떠한 자격을 갖춰야 하는 것은 아닌지 끊임없이 물었던 사상가가 바로 장자크 루소(Jean Jacques Rousseau, 1712~1778)다. 루소는 우리와 법의 관계가 일종의 딜레마 상태에 있다고 지적한 최초의 근대인이다.

> 태동하는 인민이 건강한 정치 규칙을 평가하고 국가이성의 기본 원리를 따르게 만들려면 결과가 원인이어야 한다. 즉 제도의 결과인 사회정신이 제도 자체를 앞장서서 이끌어야 하며 법에 의해 변화되어야 할 인간이 법이 있기 전에 그렇게 되어 있어야 한다. 따라서 입법자는 힘도 논증도 사용할 수 없기에, 폭력 없이 이끌고 입증 없이 설득하는 다른 차

원의 권위에 필연적으로 의지할 수밖에 없다.[1]

루소는 인민이 자격과 미덕을 상실한 상태라고 주장하는 것 같다. 더군다나 인간과 법의 관계를 특정한 방식으로 상정하고 있다. 인간은 이성적이고 규범적인 사회정신을 체득해야 하는 존재다. 하지만 그것은 법의 산물이다. 따라서 인간은 모종의 조치가 취해지지 않는 한 법과 제두의 원인이 될 수 없다. 결국 우리는 헌법의 저자가 될 수 없다. 약속을 통해 체결되는 정치적 협약의 주체가 될 수 없다. 그보다 우선 우리는 도덕적인 존재가 되어야만 한다.

루소에게 사회계약은 결과가 원인이 되어야 하는 일종의 역설적인 과업이다. 정치이론가 한나 아렌트는 이 '루소의 역설'이 새로운 권위를 만드는 과정에서 근대정치가 직면하게 되는 본질적인 문제라고 보았다. 아렌트의 권위 개념은 로마 공화정의 역사적 경험 속에서 제대로 이해할 수 있다. 아렌트는 도시를 창설하고 유지하는 정치적 행위에

---

1    장자크 루소, 김영욱 옮김, 『사회계약론』(후마니타스, 2018), 55~56쪽.

서 권위의 본질을 찾았다. 그가 보기에 로마가 지속할 수 있었던 토대는 전통과 종교 그리고 권위다. 근대는 이러한 절대적인 토대의 근거들을 상실한 시대다. 루소의 역설은 전통, 종교, 권위가 부재한 시대에 새로운 정치적 토대를 만들어야 하는 근대인들의 곤경을 반영한다.[2]

이러한 곤경에 대한 루소의 해법은 사회계약의 과정에 결과를 원인으로 만들 수 있는 조력자를 도입하는 것이었다. 루소는 이 조력자를 입법자(lawgiver)라고 불렀다. 입법자는 신과 같은 존재다.

---

2    이러한 역설에 주목한 대표적인 현대 사상가가 자크 데리다다. Jacques Derrida, "Declarations of independence," *New Political Science* Vol.7 no.1(1986), pp.7~15. 자크 데리다, 진태원 옮김, 『법의 힘』(문학과 지성사, 2018)에 번역 수록된 「독립 선언들」 참고. 또한 Bonnie Honig, "Declarations of independence: Arendt and Derrida on the problem of founding a republic," *American Political Science Review* Vol.85 no.1(1991) 참고.

보니 호닉은 민주주의를 경합주의적 모델로 다루는 대표적인 정치이론가다. 그는 아렌트, 니체, 데리다 등의 이론을 재해석하면서 문학과 영화를 자유분방하게 활용하는 것으로 유명하다. 대표적인 작품으로 *Political Theory and the Displacement of Politics*(Cornell, 1993), *Democracy and the Foreigner*(Princeton, 2001), *Emergency Politics: Paradox, Law, Democracy* (Princeton, 2009) 등이 있으며, 최근작으로는 *A Feminist Theory of Refusal*(Harvard, 2021)이 있다.

그는 우월한 지성을 가지고 있어야 하며 우리의 정념과 본성을 알아야 하고(하지만 그것을 경험해서는 안 된다.) 우리의 행복을 돌봐야 하며(이는 그의 행복과는 무관해야 한다.) 시간과 시대를 넘어서 있어야 한다.[3] 입법자는 단순히 법을 만드는 존재가 아니다. 입법자는 사람들의 본성을 바꾸고 도덕적인 존재로 만드는 역할을 수행해야 한다.

루소는 모든 권력이 평범한 사람들에게서 나온다고 믿었다. 따라서 입법자는 공동체 내부가 아니라 외부에 위치해야만 했다. 공동체 밖 신과 같은 입법자의 존재는 복잡한 기하학 문제를 풀기 위해 도입하는 보조선 같은 역할을 한다.

그런데 이런 방식으로 인민과 헌법의 관계가 모두 설명될 수 있을까? 보조선 없이는 국가 수립의 난제를 풀 수 없다는 점이 눈에 밟힌다.

## 루소의 입법자와
## 홉스의 대표자

루소가 인민과 헌법 또는 인민과 국가의 관계를 일

---

3    장자크 루소, 『사회계약론』, 52쪽.

종의 역설로 파악한 근본적인 원인은 우리의 기원을 역사적 탐구의 대상으로 삼았다는 데 있다. 루소는 홉스가 말한 자연상태가 진정한 자연상태가 아니라고 비판하고, 보다 근원적인 자연상태를 발견하기 위해 정치철학에 인류학적 관점을 도입했다.

루소에 따르면 자연상태의 인간은 숲속에 살면서 타인과는 일회적으로 교류할 뿐인 독립적 존재다. 이때 인간은 "다른 동료 인간의 필요를 전혀 느끼지 않았을 것이고 해칠 욕구도 없었을 것이며 그들 중 누구도 개인적으로 알려고도 하지 않았을 것이다."[4] 인간은 기후변화와 야금술의 발명 같은 우연한 계기로 자연상태에서 점차 문명의 길로 나아간다. 홉스가 말했던 자기보존의 욕망과 도구적 이성은 자연스러운 인간의 본성이 아니라 문명의 산물이다. 그런 점에서 사회계약은 타락한 본성의 산물이다.

반면 홉스는 자연상태의 인간에게 더 광범위한 이성적 능력을 부여했다. 인간은 무엇이 자기에게 이익인지 구별할 줄 아는 도구적 이성을 지니

---

4    장자크 루소, 김중현 옮김, 『인간불평등기원론』(펭귄클래식, 2015), 73쪽.

고 있으며, 언어를 통해 사물을 지시하고 타인과 교류할 수 있는 존재다. 문제는 이러한 판단이 저마다 제각각이어서 하나의 질서를 확립하지 못한다는 데 있다. 이때 강제력은 없지만 이성적 인간들이 받아들일 수 있는 일종의 계율인 자연법은 저마다의 판단에 갇혀 있는 사람들에게 평화를 추구하라고 명령한다. 인간은 상호불신의 무정부 상황에서도 무엇이 선한지를 추구할 수 있는 반성적 성찰의 능력을 가지고 있다. 국가가 수립되기 이전에도 사람들은 도덕적인 판단을 할 줄 알았다.[5]

5    이에 대해서는 반론이 있다. 먼저 자유주의 정치철학자이자 홉스의 훌륭한 주석가이기도 한 오크숏은 사회계약을 통해서 비로소 도덕이 창출된다는 관점을 지지한다. 실질적인 효력을 지닌 규범으로서 도덕이 사회에서만 가능하다면 오크숏의 지적은 옳다. 하지만 홉스의 자연상태에서 자연법은 일종의 도덕률이자 이성의 원칙으로 이해되고 있다. 한편 사회계약론을 '소유적 개인주의(possessive individualism)'로 분석한 캐나다 정치학자 C. B. 맥퍼슨은 홉스의 이성이 도구적 이성에 지나지 않는다고 보았다. 만약 홉스의 이성이 도구적이라면 자신의 이익을 넘어서는 공동의 권위를 창출해야 하는 사회계약의 가능성을 설명하는 것은 훨씬 어려운 일이 된다. 하지만 본문에서 살펴본 것처럼 홉스의 이성 개념은 훨씬 복잡하며 이는 사회계약의 가능성과 긴밀히 연결되어 있다. 오크숏의 홉스 해석은 Michael Oakeshott, *Hobbes on Civil Association*(Liberty Fund, Inc., 1937/ 1975)에 수록된 "The Moral Life in the Writings of Thomas Hobbes"를 참고할 수 있으며, 맥퍼슨의 홉스 해석

자연상태에서 인간의 판단력을 넓게 이해했던 홉스는 루소가 입법자라고 보았던 구약성서의 모세를 공동체 내부에서 사람들을 대표하는 주권자로 규정했다. 루소는 인민의 의지가 대표될 수 없다고 보았다면 홉스는 대표자의 존재를 받아들였다. 그렇다면 우리는 자의적인 폭력을 휘두르는 대표자, 즉 신의 대리인 이야기로 다시 돌아가야 할까? 홉스는 『리바이어던』에서 분명 비슷한 이야기를 하는 것 같다. 『리바이어던』은 정치적 대표에 대한 근대적 관념을 체계적으로 진술한 최초의 작품이다.

홉스의 대표 관념은 프랑스혁명 이후 헌법 제정의 정당성을 고민하던 한 신학자에게 영향을 끼쳤다. 법학을 공부한 신학자이자 정치철학자 시에예스(Emmanuel Sieyès, 1748~1836)다. 시에예스는 홉스의 대표 관념을 계승하면서 루소의 역설을 해결하고자 했다. 그는 신의 대리자와 같은 입법자의 개입 없이도 사람들이 하나의 정치적 신체를 지닌 인민이 될 가능성을 제시했다. 바로 자연상태의 사람들이 직접 신과 같은 존재가 되는 것이다.

은 C. B. Macpherson, *The Political Theory of Possessive Individualism: Hobbes to Locke*(Oxford University Press, 1962)에서 확인할 수 있다.

시에예스는 자연상태의 사람들이 신처럼 무에서 유를 창조하는 힘을 지녔다고 보았으나 사람들이 그 힘을 유지하기 위해서는 자연상태에 머물러 있어야 한다고 여겼다. 인민은 저자라기보다 저자에게 영감을 주는 원천이다. 영감은 중요하지만 그것이 곧바로 쓰기로 이어지지는 않는다. 샤워할 때 천재적이었던 영감이 막상 몸을 닦고 나와 기록하면 대개는 형편없는 것과 같은 상황이다. 영감의 원천은 내 몸이 무언가를 기록할 수 없는 욕실에서만 무한하다.

따라서 힘의 행사는 대표자들에게 맡겨졌다. 대표자들은 인민(프랑스 국민)의 이름으로 헌법을 제정한다. 시에예스가 제시한 이 모델은 프랑스혁명에서만이 아니라 미국혁명과 그 영향을 받은 신생 민주주의 국가들의 헌법과 정치의 전범이 되었다.[6]

---

6   시에예스의 대표 개념이 홉스와 루소의 사상을 모순적으로 결합했다고 평가하는 비에이라와 런시먼은 시에예스가 미국혁명을 주도한 연방주의자들에게도 영향을 미쳤다고 해석한다. 따라서 이들은 미국헌정이 헌법을 통해 정부를 제한하고 권력의 집중을 방지하며 시작되었다는 해석과 반대되는 입장을 취한다. 오히려 미국 헌법은 인민을 통한 정치를 정당화하고, 대표 기구를 통한 헌법 제정의 현실적 사례가 된다. 나는 대한민국 건국 헌법도 이러한 영향 속에서 탄생했다고 해석하며, 오늘날

우리는 오직 이름으로만 존재하는 의지이자 힘이다. 시에예스는 루소의 역설을 해결한 것일까? 시에예스 역시 대표자에게 기대고 있다. 이런 식이라면 우리는 실제적인 약속의 체결자라고 할 수는 없을 것 같다.

## 잠자는 인민들의 대표자

앞서 살펴보았듯 『리바이어던』의 홉스와 달리 『시민론』의 홉스는 다른 모든 정치체제보다 민주정이 선행한다고 믿었다. 『리바이어던』의 홉스는 자연상태의 사람들이 대표자(민주정일 경우 이때 대표자는 민회가 된다.)를 통해 자신들의 통일성을 만들어 낼 수 있다고 본 반면, 『시민론』의 홉스는 사람들이 모여 인민이라는 정치적 신체를 만들 수 있다고 보았다.

국가를 수립할 의도로 함께 만난 사람들은 자신들

한국 헌정은 앞으로 설명하는 것처럼 국민투표에 근거한 홉스적 관념으로 변화했다고 주장한다. 관련된 논의는 모니카 브리투 비에이라·데이비드 런시먼, 노시내 옮김, 『대표: 역사, 논리, 정치』(후마니타스, 2020), 74~88쪽; 조무원, 「시에예스에서 다시 홉스로: 우리(들) 대한국민의 정치사상」, 《개념과 소통》 제29호(한림과학원, 2022), 161~204쪽.

이 만난다는 바로 그 사실 때문에 민주정(Democracy)이다. 그 사람들이 자발적으로 만났다는 점에서, 그들이 다수결로 결정되는 것을 준수할 책임이 있다는 것으로 추정되기 때문이다. 그 집회가 지속되거나, 일정한 시간과 장소에서 다시 집회를 소집하는 한, 그것은 명백한 민주제이다. 이 집회는 자신의 의지가 모든 시민의 의지이며, 최고통치권을 갖기 때문이다.[7]

분명 홉스는 상호 간에 신뢰가 부족한 자연상태에서 인간들이 계약 맺기에 어려움을 겪는다는 사실을 강조한다. 그럼에도 모두가 자기보존을 위해 무엇이든 할 권리가 있는 자연상태를 벗어나기 위해서는, 자신의 권리를 공동의 권위에 양도해야만 한다. 그것이 이성의 명령이고, 합리적인 결론이다. 그리고 약속을 맺었으면 지키는 것 또한 합리적이라고 홉스는 생각한다. 왜냐하면 자연상태에서는 공표된 전쟁과 확실하고 신뢰할 수 있는 평화 둘 중 하나를 선택할 수밖에 없기 때문이다.[8]

---

7    토마스 홉스, 『시민론』, 141쪽.
8    토마스 홉스, 『시민론』, 66쪽.

홉스의 민주정 모델은 우리가 자연상태에서 어떠한 자격이나 지도 없이도 약속을 통해 정치적 존재가 될 수 있다는 가능성을 보여 준다. 약속은 다수가 참여하여 우리라는 정체성을 만드는 행위다. 법을 만들기 이전에 우선 사람들은 모여서 하나의 인격을 이루어야 한다. 앞의 인용문에서 보듯이 사람들 간의 합의로 이루어진 이러한 인격은 다수결이라는 제도를 근간으로 한다. 다수결은 사람들이 균등한 목소리를 지닌 존재라는 사실을 반영한 가장 현실적인 민주적 방식이다. 당신 옆에 있는 이상한 사람도 당신과 동등하다고 생각할 수 있을 때 다수결 제도가 가능하다. 이러한 회합 가운데 다수결에 참여하고 동의한 사람들은 여전히 자신임에도 불구하고 다른 사람이 된다. 그 자신이 모두를 대표하는 주권자의 일부가 되는 것이다.

루소도 비슷한 이야기를 하기는 했다. 루소는 민중들의 회합을 통해 일반의지라는 인민의 의지가 표현될 수 있다고 보았다. 일반의지란 개별 주체들의 의지를 단순히 결합한 것이 아니라 공익을 표상하는 합목적적 의지에 가깝다. 그러니까 사람들이 모인 곳에 민주주의가 있다. 그러기 위해서 그들을 준비시킬 조력자가 필요하다. 조력을 받아

준비만 된다면 사람들은 헌법도 만들고 일반적인 법률도 만든다. 인민은 상시적으로 지배한다. 그런 점에서 루소가 직접민주주의의 아버지라는 말은 옳다.

한편 홉스의 『시민론』은 민주주의의 가능성을 이야기하면서도 보다 제도적인 방식을 추구한다. 사람들 간의 회합으로 만들어진 민주정은 자신들의 통치권을 귀족정이나 군주정에 맡길 수 있다. 주권은 인민이 가지고 있지만 그 통치권의 수행은 정부가 대신할 수 있다는 것이다. 홉스는 인민이 자신들의 통치권을 귀족정이나 군주정에 완전히 양도할 수도 있지만, '한시적으로' 양도할 수도 있다고 보았던 것이다.[9] 인민들은 자신들의 회합을 예정해 놓으면, 마치 신하들에게 통치를 맡기고 잠이 든 왕처럼 잠에서 깨어나 다시 통치권을 행사할 수 있다. 물론 잠에서 깨지 못하고 코마 상태에 빠질 수도 있겠지만 말이다.

사도세자의 비극을 다룬 영화 「사도」에 이러한 통치 방식을 잘 보여 주는 대사가 있다. 세자에게 정권을 맡기고 수렴청정에 들어간 영조가 세자

9    토마스 홉스, 『시민론』, 148쪽.

를 꾸중하면서 한 말이다. "왕은 결정하는 자리가 아니라 대신들의 결정을 윤허하고 책임을 묻는 자리다!" 주권과 통치의 분리. 오늘날 민주주의에서 인민의 지위도 이와 같지 않을까.

정치학자이자 사상사 연구자인 리처드 턱은 이러한 인민의 제도적 형태가 국민투표에 의한 헌법 신임에 있다고 보았다.[10] 시에예스가 헌법의 제정과 개정의 권한을 대표자에게 일임했다면 홉스는 최종적인 신임 여부를 인민이 가지고 있다고 보았다는 것이다.

그런데 국민투표라는 최종적 신임 방식은 권위주의의 수단이 되지 않는가? 그것은 슈미트가 말한 '인민의 갈채'와 어떻게 다를까? 슈미트는 누가 적이고 친구인지 결정하는 지도자의 결단에 인민이 박수로 화답할 때 민주주의가 성립한다고 보았다. 이때 민주주의는 권위주의적 독재와 구별할 수 없게 된다. 하지만 정치이론가 얀베르너 뮐러가 지적했듯 포퓰리스트들은 국민투표를 싫어한다. 그에 따르면 권위주의적 포퓰리스트는 '진짜' 국민이

10    Richard Tuck, *The Sleeping Sovereign: The Invention of Modern Democracy*(Cambridge University Press, 2016).

누구인지에 대한 명확한 답을 가지고 있으며 그것이 투표소에서 뒤집히는 것을 원하지 않는 사람들이다.[11]

슈미트적 갈채는 이미 정해진 집단 안에서 이루어지는 존재하는 정치의 귀결이다. 정치인의 부름에 그저 호응할 때 우리는 갈채를 보내는 존재로 전락한다.

## 그렇게 저자가 된다

홉스가 그린 세계는 정치의 잠재적인 상태를 의미한다. 끊임없이 정치로 회귀할 것을 요구하는 세계. 한 사람 한 사람이 정치에 나서지 않으면 뭐가 돌아가지 않는 피로한 세계. 홉스가 만든 자연상태라는 세계가 암담한 디스토피아처럼 보이는 이유는 제도화된 정치가 부재하기 때문이다.

하지만 홉스의 자연상태는 유토피아든 디스토피아든 그것이 우리가 만든 결과이지 어딘가에서 도래할 세계가 아니라는 사실에 방점을 찍는다. 우리는 천국이나 지옥을 기다려서는 안 되고, 바로 여

---

11 얀베르너 뮐러, 권채령 옮김, 『민주주의 공부』(월북, 2022), 62쪽.

기에서 행위하는 정치적 존재가 되어야 한다. 홉스의 정치사상에 유토피아적 요소가 있다면 우리가 자연상태에서 정치사회로 이행할 수 있는 가능성을 계속해서 이야기한다는 점에 있다. 이것이 홉스 정치사상이 지닌 매력이다.

저마다의 이견에도 불구하고 사회계약론자들이 합의한 지점은 우리가 우선 하나가 될 때 정치적 질서가 창출될 수 있다는 사실이다. 인간은 신과 계약을 맺고, 신의 대리자를 찾고, 종교에 의지하면서 하나를 상상해 왔다. 민족, 국가, 가족 등 위에서부터 내려오는 하나는 그러한 관념의 반영이다. 하지만 우리는 아래로부터 우리를 만드는 과정도 경험했다. 바로 헌법의 저자가 된 창건의 순간(founding moment)이다.

이 순간은 무에서 유를 만드는 과정만이 아니다. 홉스의 자연상태는 완전한 아노미가 아니라 인간이 약속 맺고 서로 간의 신뢰를 시도하는 공간이다. 사람들의 의지가 모여 평화를 추구하는 하나의 약속을 맺을 수 있을 때 우리는 정치적 존재가 된다. 결국 특별한 어떤 자격이 필요한 것이 아니다. 단지 협약에 참여함으로써, 동시에 우리는 헌법의 저자가 된다.

그러니까 나 역시 바로 이 책을 쓰면서 저자가 되었다. 인민이 국가를 수립하고 헌법을 쓰면서 인민이 되었던 것처럼 말이다. 저자는 더 이상 신과 같은 존재이거나 어떤 자격들을 갖추지 않아도 괜찮다. 마치 인민이 하나의 제도 속에서 더 이상 신과 같은 존재가 아닌 것처럼 말이다. 신이 없는 세계에서 신이 되고자 하지 않을 때 인간은 진정한 인간이 된다. 그리고 그것이야말로 우리가 동등한 존재로 모일 때 민주주의가 성립한다는 민주주의의 이상에 가장 부합하는 인간의 모습일 것이다.

저자인 우리는 주인공이자 독자이기도 하다. 루소의 역설이 암시하듯 우리는 저자이자 그 창조물이다. 또한 「미국독립선언문」이 정교하게 구별하듯이 우리는 국가질서 안에서 지배받는 사람이면서 언제든 새로 국가를 수립할 수 있는 주체가 될 수 있다. 따라서 정치란 쓰는 행위이면서 적극적으로 말하고 행동하는 일이며, 판단하고 비판하는 일이기도 하다.

저자로서 인민의 지위가 이처럼 복합적이라면 정치 이야기도 좀 달라지지 않을까? 우리가 우리의 관찰자이자 독자이기도 하다는 사실은 일종의 작가 윤리적인 성찰을 요구한다. 저자라고 해서 마음대로 캐릭터를 바꾸거나 개연성 없는 이야기를 지어낼 수 없다.(헌법을 자의적으로 수정할 수 없다.) 또한 캐릭터이기도 한 우리는 서사의 문법에 구속된다.(헌법이 정한 규칙 안에서 우리의 행위는 정당화된다.) 이것이 민주주의의 자기 구속이다.

저자가 캐릭터를 배신하는 것도, 캐릭터가 이야기를 배신하는 것도 용납할 수 없다. 우리가 약속의 체결자라는 구체적인 의미는 이처럼 창조적이면서도 윤리적이다.

# 8장

내로남불의 정치를 넘어서

얼마전부터 한국 정치를 요약하는 말로 자주 등장하는 표현이 있다. 내로남불. 내가 하면 로맨스, 남이 하면 불륜. 다른 정파의 도덕적 결함을 비판하다가 정작 자리가 바뀌면 똑같은 행동을 일삼는 정치인들의 이중 잣대를 이른다. 2021년 제8회 전국동시지방선거에서 여권이 참패하자 《뉴욕타임즈》가 그 원인은 당시 여권의 'naeronambul' 행태라고 지적하면서 내로남불은 이제 국제적인 명성까지 얻게 되었다.[1]

진보의 수사들을 일상적으로 내뱉던 스타 교수

---

1    "Election Rout Signals a Shift in South Korea's Political Scene," *New York Times*(2021.4.7).

는 자녀의 입시 문제로 검찰의 수사를 받았고, 기회는 평등하고 과정은 공정하며 결과는 정의로울 거라 약속했던 대통령은 이 사건 당사자에게 마음의 빚을 졌다고 언급했다. 사람에게 충성하지 않겠다는 말로 국민들에게 감동을 준 스타 검사는 스타 교수의 자녀 입시 비리 수사를 지휘하면서 일약 대선 후보에 올랐고 공정의 기수가 되고자 했다. 정작 대통령이 된 그는 자신에게 충성하는 사람들과의 관계 맺기에 실패하고 있는 것처럼 보인다. 공정은 단순히 정적을 제거하기 위한 무기일 뿐이었을까.

　내로남불의 정치는 권력의 유무에 따라 도덕을 다르게 적용한다. 정치와 도덕이 착종되어 투표를 끊임없이 반복해도 같은 결과가 반복되는 뫼비우스 띠에 우리는 갇힌 것 같다. 정말 내로남불은 번역할 필요 없는 한국 정치의 고유한 문화일까? 정치와 도덕의 이 수상한 동맹의 기원을 탐구해 보자.

## 정치와 도덕의 뿌리 깊은 관계

중국에서 수입된 유교의 영향 탓에 조선의 정치에서 도덕이 중요했다고 흔히 알려져 있다. 비판적인 사람들은 조선의 도덕 정치야말로 망국의 근본 원인이라고 주장한다. 실제로 조선의 당파 싸움은 오늘날 내로남불의 전범으로 보이기도 한다. 도덕이 상대 당파를 조정에서 내모는 수단으로만 유용할 뿐, 권력에 대한 비판적 기능을 상실했다는 의미에서다.

서양 정치사상사 연구자들은 정치와 도덕의 관계에 일찍부터 주목했다. 정치와 도덕의 분리가 근대성의 출현과 밀접하게 관련된다고 보았기 때문이다. 이들은 정치가 기독교 윤리로부터 완전히 분리되지 못한 시기를 중세의 암흑기로 보았다. 정치적 근대는 윤리로부터 정치의 자율성을 확보하려는 사상적 시도 속에서 등장했고, 이러한 시도는 로마 교황청으로부터 독립하려는 영토국가들의 노력으로 달성되었다. 대표적인 사례인 마키아벨리의 『군주론』은 피렌체 공화국의 독립과 자유를 위해 기독교 윤리와 정치를 분리하고자 했던 사상적 시도였다. 이런 맥락에서 서양의 근대 정치사상사를 마키아벨리에서 시작하는 데 학자들의 광범위한 합의가 있다.

서양 정치사상에 자극받은 동아시아 연구자들도 동아시아 내 정치와 도덕의 관계를 규명하려고 애썼다. 동아시아 역사에는 정치적 근대가 출현한 적 없다고 오랫동안 지적되어 왔지만, 조선에도 이와 유사한 정치적 여명기가 있었다. 바로 중국이 명에서 청으로 교체되던 시기다. 이 시기 조선이 문화적으로 재규정되었다고 주장한 대표적인 연구자가 한국사학자 김자현(JaHyun Kim Haboush)이다. 김자현에 따르면 조선에서 민족 담론은 왜란과 호란이 있었던 16세기를 전후로 형성되었다.[2] 임진왜란 시기 지방에서 등장한 의병들의 격문 속에서 정치적 민족이 등장한다. 조선을 떠나 안위를 도모했던 왕은 왕실에 대한 민심이 바닥나자 급기야 한글로 작성된 교지를 전파해 백성과 직접 소통했다.[3] 서울로 돌아온 왕이 제일 먼저 내린 명령은 '왜어'를 쓰는 사람들을 솎아 내라는 것이었다. 그렇게 일본과 일본어를 타자로 삼으며 조선 민족이 탄생했다.

최초로 등장한 민족 담론 속에서 조선은 어떻게 그려졌을까? 김자현이 주목한 의병들의 격문은 일본을 타자로 전제했지만 여전히 중국의 영향에서 벗어나지 못했다. '조선 문화'는 충의(忠義) 같은 유교적 언어들로 수식되었고 조선은 곧 중화문

---

2  김자현, 주채영 옮김, 『임진전쟁과 민족의 탄생』(너머북스, 2019).

3  위의 책, 173쪽.

명의 체현으로 규정되었다.[4] 양란 이후를 정비하는 가운데 조선에서 등장한 논쟁 또한 이러한 재규정의 시도였다. 바로 예송논쟁이다.

## 예송논쟁, 조선의 정체성을 둘러싼 갈등

예송논쟁은 대비가 왕(효종)의 상례를 지키는 과정에서 어떤 상복을 입어야 하는지를 둘러싸고 일어난 법적 논쟁이자 당쟁이다. 효종은 인조의 둘째 아들로 일찍 비명을 달리한 소현세자의 동생이다. 송시열을 위시한 이른바 서인들은 왕이 둘째 아들이라면 그에 맞는 상복을 입으면 된다고 했지만, 반대파인 남인들은 왕이 둘째 아들이라는 인식 자체를 왕의 정통성에 대한 공격으로 간주했다.

예송논쟁은 단순히 상복 입는 기간을 둘러싼 탁상공론이 아니라, 조선의 왕이 독립된 정치 공동체의 중심으로서 어떤 정체성을 지녀야 하는지를 둘러싼 논쟁이다.[5] 이러한 분석에 따르면 효종

---

4   위의 책, 84~89쪽.
5   JaHyun Kim Haboush, "Constructing the center: The ritual controversy and the search for a new identity in sev-

을 둘째 아들로 이해하는 송시열의 논리는 왕의 정치적 지위보다는 문화적이고 도덕적인 지위를 중요하게 여긴 것이다. 반대로 왕이 적장자여야 하는 이유는 왕의 정치적 지위를 공고히 하기 위함이었다. 더욱이 당시 적장자인 소현세자의 아들들이 살아 있었기 때문에 송시열의 주장은 왕위의 정당성은 위협할 수 있었다.

명청 교체기에 조선의 지위는 불안정했다. 논쟁의 당사자인 효종은 명나라의 책봉조서를 받지 못한 실질적인 최초의 조선 국왕이었다. 명나라가 없어졌기 때문이다. 조선은 오랑캐들만 남은 세계에서 자신의 정치적 위상을 새로 규정해야 했다. 조선이 오랑캐들로부터 독립해 존재할 수 있는 이유는 도덕적인 것인가 아니면 정치적인 것인가.[6]

---

enteenth-century Korea," *Culture and the State in late Chosŏn Korea* JaHyun Kim Haboush & Martina Deuchler(eds.) (Cambridge, MA: Harvard University Asia Center, 1999), pp.46~90.

6 사회학자 김상준은 흥미롭게도 예송논쟁을 계기로 유교적 담론이 대중화된 형태로 향촌 사회까지 퍼져나가며 상상의 공동체로서 '유교적 국민국가'가 성립했다고 주장한다. 김상준은 송시열의 예론을 정치에 대한 도덕의 우위로 해석하면서 왕권을 견제하는 데 예(禮)가 동원됐다고 본다. 김상준은 유교문명에서 예가 도덕과 정치가 긴밀하게 연결된 양상을 '모럴폴리틱(*Moralpolitik*)'

논쟁의 종국에 이르러 송시열은 상복의 종류와 왕위 계승의 정당성을 분리함으로써 자신의 예론이 왕의 권위를 훼손하지 않는다고 주장했다.[7] 권력이 지닌 현실적 측면과 규범적 측면이 분리될 수 있다고 본 것이다. 실제로 송시열은 효종의 북벌군주로서 정치적 과업을 강력하게 지지했다. 북벌은 오랑캐에게 훼손된 조선의 도덕적 지위를 회복하는 일이었기 때문이다.

나는 예송논쟁에서 송시열이 보여 준 태도에 도덕과 정치 사이의 긴장이 반영되어 있다고 해석한다. 어떤 점에서 조선의 왕을 문화적 중심으로 재해석하고자 했던 송시열의 예론은 정치와 도덕이 분리될 수 있는 가능성을 제기하는 것처럼 보인다. 송시열은 예송논쟁의 여파가 가시지 않았던 숙종대에 처형당했지만, 정치와 도덕의 관계를 새롭게 정의하려는 노력은 그의 후계자들에 의해 조선이 멸망할 때까지 계속되었다.

으로 명명한다. 관련 논의는 김상준, 『맹자의 땀 성왕의 피: 중층 근대와 동아시아 유교문명』(아카넷, 2016)의 4장과 10장 참고.

7  송시열은 이렇게 말했다. "상복을 입는 것과 대통을 계승하는 것은 서로 다른 일이다. 입어야 할 상복의 등급을 낮추는 것은 적장자가 누구인지 명확히 하는 의리이고, 대통이 옮겨지는 것은 임금을 높이는 도리이다." 『宋子大全』 제7권, 「禮說」.

명의 멸망 이후 조선이 '중화를 계승하는 새로운 문명국가'라는 자기 인식에 대해서는 평가가 상반된다. 조선이 자주적이고 독립적인 문화국가를 지향했다는 평가의 한편에는 조선이 여전히 명나라의 그림자 속에서 자신을 규정할 수밖에 없었다는 비판도 있다.

대표적인 비판론자인 한국사학자 계승범은 당시 조선이 중화의 권위에 편승하면서 독자적인 권위를 만들어 내지 못했다고 주장한다.[8] 이때 문제는 조선의 정치가 완전히 세속적인 차원의 정당성을 가지지 못했던 것이 된다. 하지만 예송논쟁에서 송시열이 씨름한 딜레마가 보여 주듯, 조선이 직면한 문제는 단순히 도덕으로부터 정치의 자율성을 확보하는 것이 아니었다. '명나라가 없는 세계에서 무엇이 정당한 정치인가'라는 질문에 답하는 것, 즉 정치의 새로운 규범적 기초를 만들어 내는 것이 어려운 문제였다.

---

8    계승범, 「조선후기 대보단 친행 현황과 그 정치·문화적 함의」, 『역사와 현실』 제75호(한국역사연구회, 2010), 193쪽.

# 정치적인 것이란 무엇인가

애초에 정치적 영역을 구별하는 것은 가능할까? 오늘날 정치가 다른 어떤 영역으로 환원되지 않는 성격을 지녔다고 주장할 때 사람들이 참조하는 것은 슈미트다.

정치적인 것의 개념을 논하면서 슈미트는 정치가 도덕, 경제, 미학과 구별되는 독특한 경계선을 지니고 있다고 주장했다. 도덕이 무엇이 옳고 그른지, 미학이 무엇이 아름답고 추한지, 경제가 무엇이 유용하고 그렇지 않은지를 판단하는 영역이라면 정치는 누가 적인지 친구인지 경계 짓는 영역이다. 이러한 정치는 다른 모든 영역들 간의 구별을 넘어선다. 슈미트는 적과 친구를 구별하는 정치적 판단의 필요성이 언제든 죽고 죽일 수 있는 인간 존재의 본성에서 비롯된다고 보았다.[9]

정치철학자 레오 스트라우스는 이러한 슈미트의 정의가 무엇이 바람직한지에 대한 감각을 은연중에 전제한다고 예리하게 비판했다. 슈미트는 인

---

9    카를 슈미트, 김효전·정태호 옮김, 『정치적인 것의 개념』(살림, 2012). 레오 스트라우스의 논평은 같은 책 해제에 실려 있다.

간이 투쟁하는 상태를 긍정적으로 인식하는데, 그 것은 인간의 위험성을 긍정하는 것이다.[10] 홉스에 게 자연상태는 극복의 대상이었지만 슈미트에게는 그것이야말로 인간의 정치적 상태 자체다. 홉스가 자연상태에서의 악을 인간의 원죄가 부정된 '무구한 악'으로 규정했다면, 슈미트는 인간의 악을 도덕적 사악으로 본다. 무구한 악은 국가의 설립으로 규율될 수 있지만 도덕적 사악은 그렇지 않다. 슈미트는 자신의 도덕적 판단을 은폐하고 있다.

슈미트를 논평하며 스트라우스는 무엇이 옳은지를 사유한 고대의 정치철학으로 돌아가야 한다고 주장했다. 이는 정치 이전에 존재하는 도덕적 진리를 전제함으로써 정치를 다시 도덕으로 환원하는 일이 된다.

## 힘과 도덕의 경계에서 맺는
## 아슬아슬한 약속

정치가 도덕과 뒤얽힌 상황에 대해 홉스는 어떤 입장을 내놓았을까? 홉스에 따르면 정치적인 것은 힘

---

10    위의 책, 206쪽.

과 도덕의 경계 위에 위치한다. 힘의 무한 경합이라는 자연상태의 현실은 그 현실을 극복하고 다른 차원으로 이동하려는 도덕적 이상과 긴장할 수밖에 없다. 스트라우스는 홉스가 자연을 극복되어야 할 대상으로만 위치시킨다는 점을 줄곧 비판했지만, 홉스는 (근대적) 인간이 무엇이 옳은지를 둘러싼 결코 화해할 수 없는 갈등 상태에 놓여 있다는 사실을 잘 알고 있었다. 홉스에게 대안은 옛날의 도덕을 다시 회복하는 것이 아니라 정치적 세계를 만드는 데 있었다.

홉스가 믿었고 타인들도 그렇게 믿을 것이라고 봤던 유일한 규범적 근거는 우리가 전쟁상태에서 평화를 추구하는 존재라는 사실뿐이다. 인간들의 전쟁이 저마다 무엇이 옳은지를 둘러싼 도덕적이고 인식론적인 투쟁이라는 사실을 받아들이자. 거기에서 평화를 위한 사회계약을 시작할 수 있다.

이러한 관점에 따라 조선의 상황을 다시 한번 들여다보자. 구한말 신소설을 분석한 정치학자 최정운의 분석에 따르면 조선 후기는 아비규환의 홉스적 자연상태였다. 신소설 최고의 악인들인 '종년'들은 '사이코'인 주인마님에게 접근해 함께 악행을 도모한다. 하지만 주인마님은 "약속을 지키지 않고 배신"한다. "처음부터 주인마님하고 종년 간에는 전혀 신뢰가 없었다."[11] 조선은 무엇이 옳은지를 합의할 수 있는 사회가 아니었다. 도덕은 자기보존의 윤리 그 이상도 이하도 아니다. 대안은 조선을 떠나거나(유학), 자신의 개화 의지를 증명하는 것(자살)밖에 없었다.[12]

조선 그리고 오늘날 우리에게 필요한 것은 정치와 도덕을 절연시키고자 했던 마키아벨리가 아니라 결국 홉스와 같은 사회계약론자들이다.[13] 내로남불의 구조는 단순히 한국 정치가 이편과 저편이 자리를 바꿔 가며 아귀다툼하는 현장이라는 것을 보여 주는 데 그치지 않는다. 정치는 어떤 자리에 서서 보느냐에 따라 달라지는 풍경이다. 정치는 그것이 '무엇인지'에 더해 언제나 그것이 '무엇이어야 하는지'를 묻게 되는 영역이기 때문이다. 도덕과 떨어져 나가는 그 순간에도 정치는 다른 규범적 영역으로 반드시 다시 들어온다.

---

11  최정운, 『한국인의 탄생』(미지북스, 2013), 118쪽.

12  위의 책, 132쪽.

13  최정운은 홉스적 사회계약을 강한 국가권력으로의 수렴으로 해석하면서도 이러한 시대적 상황을 배경으로 비로소 '우리는 누구인가?' 하는 정체성의 문제가 등장했다고 지적한다. 위의 책, 151~152쪽.

그래서 정치의 말들은 관찰자인 척하다가 은근슬쩍 우리편에 기울고, 세계를 담담히 진술하다가도 짐짓 도덕교사를 자임하게 된다. 그렇지 않은 말들, 경계를 왔다 갔다 하지 않는 순수한 말들은 오히려 정치적이지 않다. 순수를 향한 열망은 정치를 도덕으로부터 끊어 내는 슈미트에게서도 발견되며, 정치를 끊임없이 배제하는 말들 속에도 있다. 정치가 자기 이해와 진영의 이익을 지키는 활동을 일컬을 때 '정치적'이라는 말은 비난이 되고 우리는 순수한 사람이 되기를 요구받는다. 하지만 나에게 무엇이 이익인지, 그리고 무엇이 옳은지에 대한 감각을 왔다 갔다 하며 매일 서로 다투는 우리는 본질적으로 정치적이다.

이 감각은 제도 정치에서뿐 아니라 가정과 학교, 직장 등 일상적 공간에서도 출현해 정치적이고 도덕적인 판단을 내릴 것을 요청한다. 당신은 가족 구성원과 집안일을 배분하는 일에 직면했는가? 그것은 순수한 마음의 문제가 아니라 정치의 문제다. 직장에서 협업이 필요한 상황이 생겼는가? 그 또한 정치의 문제다.

이처럼 순수하지 않은 세계에서 믿을 수 있는 유일한 것이 있다면 이 세계가 아슬아슬한 약속의 산물이라는 사실이다. 그 약속이 언제든 파기될 수 있다는 두려움은 역설적으로 우리의 세계를 아슬아슬하게 유지하는 힘이 된다. 다소 과장하자면 집안일을 배분하는 일과 조직에서 협업하는 일을 등한시할 때 과중한 일을 견디다 못한 아내나 남편, 동료가 나를 죽일 수도 있다는 상상이야말로 우리를 정치로 이끈다. 우리는 자연상태와 사회의 경계에 선 정치적 존재들이다.

## 약속을 맺으며 변화하기

나는 약속이야말로 정치의 본질이라고 주장한다. 앞서 살펴본 대로 슈미트는 자연상태를 사회 속에 복권시키면서 적대가 정치의 본질이라고 이야기한다. 루소는 자연상태를 역사의 단계로 이해하면서 정치가 사람들을 계몽하고 후견하는 프로젝트가 될 가능성을 열어 두었다. 두 사상에서는 정치가 권위주의로 귀결될 수 있다.

반면 이러한 권위주의의 노선을 거부하는 방법도 있다. 정치를 제도화된 합의의 모델 위에 정립하는 시도는 어떨까? 하지만 롤스의 사례에서 볼 수 있듯이 합의만을 지향하는 정치는 합의하는 사람들이 누구인지에 대해 우리에게 명확한 답을 제시해 주지 못한다. 롤스는 자신이 구상한 체제를 폐쇄적 사회로 가정하며, 우리가 출생을 통해서만 사회에 진입한다고 설명한다.[14]

약속으로서의 정치는 이러한 두 입장 모두에 비판적인 경합주의적(agonistic) 정치이론가들의 입장에 호응한다. 그들은 정치가 결정되거나 숙의되지 않고 언제나 화해 불가능한 경합 상태에 있다고 보았다. 우리는 정치의 불안정인 기반을 받아들여야만 한다. 약속으로서의 정치도 정치가 불안정한 기반 위에 놓여 있다는 가정을 수용한다. 하지만 자연상태와 인위적인 사회의 경계에 일종의 합의 가능한 국면이 있다고 본다는 점에서 약속으로서의 정치는 경합주의적 정치와 구별된다.

슈미트의 정치적인 것의 개념은 정치를 합의로 보는 자유주의 비전에 대한 비판이기도 했다. 슈미트가 보기에 사회에 만연한 갈등이 합의로 이러질 수 있다는 발상은 환상에 가깝다. 그런 점에서 오늘날 슈미트의 부흥은 자유주의 정치질서의 위기를 반영한다. 서점에 가 보면 자유주의의 위기를

---

14    존 롤스, 장동진 옮김, 『정치적 자유주의』(동명사, 1998), 14쪽.

진단하는 책들과 자유주의의 가치를 다시 옹호하는 책들이 넘쳐난다. 합의를 토대로 하는 정치제도가 제대로 작동하지 않는 일은 이제 몇몇 후발 국가들의 문제만은 아니다. 많은 국가들이 국민 과반의 지지를 받는 정부를 지속적으로 유지하는 데 실패하고 있다. 의회에는 합의를 위한 언어가 아니라 전쟁을 위한 언어가 난무한다. 실제로 미국의회 의사당은 트럼프 지지자들에게 공격을 받기도 했다.

경합적 정치와 약속의 정치가 지닌 차이점은 후자가 아슬아슬하지만 여하튼 규범적 토대를 놓으려고 시도한다는 점에 있다. 따라서 약속의 정치는 모든 것을 경합적인 것으로 환원하지 않는다. 우리는 약속 위에 협의의 토대를 쌓아 나갈 수 있다. 이 규범적 토대는 우리가 곧장 정의의 원칙들을 정립하기에는 언제나 아슬아슬하다. 아슬아슬하다는 사실로 인해 우리는 정치적이다.

우리가 정치적 존재로 변하는 과정은 매미의 변태와 달리 자연스럽지 않으며, 언제든 다시 이전 상태로 돌아갈 수 있다는 점에서 불안정하다. 하지만 매미처럼 우리는 어느 순간 허물을 벗고 다른 존재가 되어야 한다. 우리를 바꿀 수 있는 유일한 가능성은 우리에게 있다.

# 3부 현실 정치에서 약속 맺는 법

"피정복자에 대한 지배권은 승전에 의해서가 아니라
피정복자 자신의 신의계약에 의해 생겨난다."
—홉스, 『리바이어던』

# 9장

# 레토릭뿐인
# 민주주의를 지나

『백년의 고독』의 공동체 마꼰도는 예언에 따라 돼지꼬리를 한 아이가 태어나면서 멸망한다. 그렇다면 오늘날 한국 정치의 현실은 어떤가? '국민통합'이라는 말은 대통령 권력의 주문만은 아니다. 이 주문은 두 진영으로 양분되어 적대적인 고독을 반복하는 한국 정치의 일상적인 구호에 가깝다. 모든 정책은 국민을 위한 것이다. 하지만 같은 정책에 대한 반대도 국민을 위한 것이 될 수 있다. 하나인 것 같았던 국민은 분열된 자아를 지닌 사람처럼 보이기까지 한다. 지지하는 정당이 다른 사람들은 적으로 간주되고 적과의 타협을 주장하는 사람들은 공격의 목표가 된다. 이제 우리는 저마다의 깃발 아래에서 전투원이 되거나 거대한 침묵 속에 빠진다.

정치를 외면할 수 있다면 우리는 침묵 속에서 행복하게 살지도 모른다. 하지만 정치 뉴스를 볼 때면 암울한 마음을 숨길 수 없다. 한국 정치의 종착지도 마꼰도와 같은 멸망일까?

마꼰도와 유사하지만 희망을 전해 주는 다른 이야기가 있다. 최근 디즈니가 만든 영화 「엔칸토」에서는 마술이 고독을 만들어 내지 않는다. 마술은 공동체를 만들고 치유하며 유지하는 긍정적이고 밝은 힘이다. 엔칸토 공동체를 이끄는 마드리갈 가문의 아이들은 꽃을 마음대로 만들어 내거나 무거운 짐을 드는 괴력을 지니거나 변신을 하거나 동물과 대화할 수 있는 능력을 갖고 태어난다.

그런데 주인공 미라벨만 능력을 부여받지 못한다. 미라벨은 마술의 존재가 아니라 마술의 부재를 상징한다. 그런데 마드리갈 사람들의 능력이 사라지기 시작할 때 공동체의 멸망을 예민하게 느낀 것은 가문을 이끄는 할머니가 아니라 미라벨이다. 공동체가 위기에 처하자 엔칸토를 멸망시키는 주범으로 지목된 것도 '저주받은' 미라벨이었다.

마꼰도의 예언이 공동체의 멸망을 이야기했다면 엔칸토의 열린 예언은 미라벨이라는 평범한 아이의 모습을 비춘다. 마술의 힘이 사라진 공동체는 어떻게 재건될 수 있을까? 마드리갈 사람들이 반목을 끝내고 화해한 뒤, 그동안 마드리갈 가문 마술의 혜택을 받았던 마을 사람들은 마드리갈 사람들의 집인 카시타를 다시 짓기 위해 모인다. 이때 마을 사람들은 이렇게 말한다. "우리는 마법이 없지만 수가 많아요."

마꼰도가 한국 정치의 현실을 비유로 보여 준다면 엔칸토는 새로운 가능성을 시사한다. 마술과도 같은 권력이 힘을 잃을 때 우리는 수가 많은 사람들이 만드는 힘에 대해서 다시 생각해 볼 수 있다. 여기에서 수가 많다는 것, 즉 다수는 민주주의를 이르는 말일 것이다. 마을을 대표하는 마드리갈 사람들이 제 구실을 못할 때 사회의 재건은 다수의 사람들 몫이 된다. 기존의 권위가 힘을 잃었을 때 사회를 다시 세우는 다수의 사람들 역할은 무엇일까? 오래된 약속을 갱신하고 새로운 사회계약을 맺으려고 할 때 재건은 민주주의와 어떤 관계를 맺어야 할까?

## 고독에 빠진 한국 정치

1부에서 나는 '국민통합' 같은 말이 일종의 마술의 주문처럼 한국 정치를 고독한 상태에 처하게 만든다고 지적했다. 마술과 국민이라는 단어를 옆에 두고 보면 어쩐지 이상한 마음을 지울 수 없다. 국민이라는 말이 마술적이라면 바로 여기 있는 나의 존재는 무엇인가? 선거 때마다 투표하는 국민들이 허상이라는 말인가?

동시대 정치를 사유하는 논평가들은 민주주의와 국민이라는 말들이 실질적 삶으로부터 괴리된 환상적 성격을 지니고 있다는 점을 지적한다. 약속을 갱신하는 일과 민주주의의 관계를 해명하려면 오늘날 민주주의론에서 국민이 어떻게 이해되고 있는지 살펴볼 필요가 있겠다.

한국 정치가 친구와 적의 구별조차 가능하지 않은 고독한 상태임을 상기시킨 최근의 일은 2022년 3월의 제20대 대통령 선거일 것이다. '역대급 비호감 선거'라는 수식어가 부족할 정도로 구체적인 정책도 선명한 구호도 없는 선거가 치러졌다. 정치평론가 김민하는 이러한 정치적 구도를 '저쪽이 싫어서 투표하는 민주주의'로 설명한 바 있다. 동명의 저서에서 김민하는 양분된 정당 모두 실질적인 이권을 숨긴 채 민주주의를 단지 레토릭으로 이용할 뿐이라고 주장한다.[1] 민주주의를 들먹이는 말들은 모두 기득권에 대한 반대의 성격을 띠고 있으며, 그것은 이쪽에서 저쪽을 그리고 다시 저쪽이 이쪽을 '반대'하기 위한 명분이다. 김민하의 통찰을 빌리자면 국민이라는 말은 각자의 이익을 꾸미기 위한 대의명분이자 정치적 구호다.

민주주의를 레토릭으로 본 것은 김민하만이 아니다. 정치철학자 박이대승은 『'개념' 없는 사회를 위한 강의』에서 '개념 언어'와 '정치 언어'를 구별하면서 오늘날 한국 정치의 핵심적인 문제로 수사적 정치 언어의 과잉을 지적한다. 개념 언어가 사회적 논의의 표준과 합리적 기준을 제공한다면 정치 언어는 목적에 따라 그 의미와 지시 대상을 마음대로 조작한다. 그런 점에서 정치 언어는 우리와 그들을 나누고 적대를 생산한다. 누구도 그 의미를 알 수 없는 '새 정치' 같은 말이 정치 언어의 대표적인 사례다.

---

1  김민하, 『저쪽이 싫어서 투표하는 민주주의: 반대를 앞세워 손익을 셈하는 한국 정치』(이데아, 2022).

그렇다면 해결 방법은 언어를 바로 세우는 일일까? 실제로 박이대승은 오늘날 문제가 이념의 부재나 소통의 부족이 아니라 표준어의 부족에 있다고 주장한다.[2] 따라서 민주주의라는 말이 레토릭으로 전락하지 않으려면 민주주의를 구성하는 민(民)이라는 단어의 의미를 제대로 이해해야 한다.[3] 그것이 번역어인 한 개념어를 확립하는 과정에 필요한 노력은 배가된다. 이러한 논리를 따라 우리는 국민이라는 말의 의미를 따져 보고 비판할 수 있다. 국민은 '국가의 백성'을 뜻하며 시민과 인민의 의미가 혼합된 정체불명의 단어다.[4] 반면 권리와 참여의 주체인 시민은 정확한 개념적 분석이 가능한 대체어가 될 수 있다.

한편 김민하는 말이 아닌 구조에 주목한다. 민주주의가 레토릭으로 이용되는 반면 통치 영역의 구조적 조건은 언제나 동일하다.[5] 그렇다면 대안은

---

2    박이대승, 『'개념' 없는 사회를 위한 강의: 변호를 위한 소수자의 정치전략』(오월의봄, 2017), 43쪽.

3    위의 책, 196쪽.

4    위의 책, 240쪽.

5    통치 영역이 구조적인 제약에 있다는 주장에 대한 근거가 이 책에서 명확히 제시되었는지는 다소 의문이다. 가령 문제인 정부의 소득주도성장에 대해 설명할 때는 한국이 놓인 국제적 환경

무엇인가? 바로 통치 영역 밖에서 대안적인 통치를 실험하는 것이다. 이는 일종의 사회운동이자 직접 (참여)민주주의의 차원이라고 할 수 있다.

정치학자 박상훈 역시 국민을 위한다는 말들이 권력을 강화하기 위한 수사적 전략이 된다는 점을 지적한다.[6] 박상훈이 문제 삼는 것은 참여를 강조하는 직접민주주의의 요소가 오히려 대통령 권력을 강화하는 양상이다. 그는 이를 '청와대 정부'라고 명명하면서 대통령의 비서조직에 불과한 청와대가 여론을 주도하고 내각을 수직적으로 운영하는 방식을 비판한다. 청와대 정부는 의회정치와 정당정치를 약화시킨다. 연이은 정권에서 동일한 방식의 통치가 반복적으로 등장한다는 문제의식을

과 신자유주의를 구조적 요인으로 본다.(232쪽) 반면 임대사업자 관련 부동산 정책의 실패는 정책 설계자와 국민 모두 '이익'에 집착한 결과로 서술된다.(239쪽) 반대의 실질적인 내용이 통치 영역에서 구현되지 않는 이유는 보다 큰 구조의 문제이면서 동시에 인간성의 문제. 진보와 '이익'을 구별하면서(51쪽) '이익'을 넘어서 진보적 가치를 실현하는 어려운 문제가 이 책의 과제로 보인다. 그런 점에서 나는 김민하의 민주주의론에서 인간성의 문제가 구조보다 더 중요한 자리를 차지하고 있다고 느꼈다.

6    박상훈, 『청와대 정부: '민주 정부란 무엇인가'를 생각하다』(후마니타스, 2018).

그 역시 드러낸다.

흥미로운 점은 김민하와 박상훈 모두 민주주의가 레토릭으로 전락한 상황을 비판하면서도, 민주주의와 국민을 레토릭으로 쓰지 않는 건강한 통치 방식이 있다고 주장한다는 것이다. 다르게 말해 민주주의가 정치적 수사로 전락하는 현실에서도 민주주의는 어떤 규범적 내용을 지닌다.(혹은 지녀야 한다.)

김민하의 민주주의론을 7장에서 설명한 역설의 정치철학자 루소와 나란히 검토해 보자. 김민하는 책의 결론에 이르러 구조의 문제를 다시 환기하면서 그 대안으로 통치를 다시 정의하자고 제안한다. 이를 통해 '대중이 주인이 되는 세상'이 실현될 수 있다는 것이다. 여기에서 저자의 목소리를 자세히 들어 보자.

참여민주주의를 통치 체계로 강제하는 정치 세력이 중앙과 지방 양쪽에서 모두 필요하다는 것이다. 이 세력은 참여민주주의가 실질적으로 구현된 이후에도 제도가 애초의 취지에 맞게 작동할 수 있도록 해야 한다. 이는 제도의 수호자로서의 자신을 정의하는 데 그치지 않고 정파적 경쟁을 통해서 확대되고

강제되어야 한다.[7]

    '이익'을 중심으로 하는 정치인과 대중들이 진정한 민주주의를 실현하기 위해서는 외부적 개입과 강제가 필요하다는 루소의 주장이 떠오르는 대목이다. 루소는 '입법자'를 도입함으로써 자신이 만든 역설을 해소하려고 했다. 하지만 그러한 시도 자체가 약속으로서의 정치가 불가능하다는 것을 암시한다. 김민하가 이러한 대안적 민주주의를 소개하면서 '실패'를 예견하고 그 의미를 반복해서 강조하는 대목도 어쩐지 루소의 기획과 겹쳐 보인다.

## 레토릭에서 규범으로

레토릭의 정치는 다시 규범적인 내용을 지닌 사상을 소환한다. 박이대승이 지적한 것처럼 국민이라는 단어는 정체불명이다. 하지만 국민이라는 단어가 지닌 모호함이야말로 '우리 인민'을 둘러싼 사상적 경합을 가능하게 만든다. 텅 빈 기표인 국민을 채우는 것은 인민의 민주적 정체성이다. 김민하가

---

7    김민하, 앞의 책, 269쪽.

비판하듯이 사람들이 진보와 보수라는 이념과 자신들의 '이익'을 연결하기 위해 작위적인 '서사'를 만들고 있다면, 그러한 서사는 '우리 인민'을 구성하는 규범적인 내용에 무엇을 써 넣을지 다투는 일종의 정당성 논쟁이라고도 할 수 있다.

오늘날 민주주의는 언어와 레토릭의 문제이기도 하지만 여전히 사상과 이론의 문제인 셈이다. 그런 점에서 헌법의 저자인 '국민'은 단지 서구적 표준어의 잘못된 번역어가 아니다. 이러한 비판적 입장을 견지하는 박이대승이 사회적 논의의 표준을 제시하는 훌륭한 사례로 미국 대법원의 판결을 제시한다는 점도 눈여겨볼 대목이다. 오늘날 미국 대법원이 사법심사권을 통해 헌법의 해석자이자 수호자로 자임한다는 점을 고려하면, 언어를 확정하는 일은 또 다른 대리주권자의 판단을 필요로 한다는 역설이 드러난다.

오늘의 정치에서 표면적인 환상을 걷어 내면 우리는 다시 우리를 구성하는 규범적인 내용이 무엇인지 기술할 것을 요청받는다. 정부/통치(government)를 이해하려고 할수록 주권(sovereignty)과의 관계가 문제로 떠오른다. 주권을 가진 인민에 대한 비전을 제시하지 않고서는 통치 구조에 대한 논의를 펼 수 없다. 주권이야말로 정당한 통치를 구현하기 위한 필수적인 근거가 되기 때문이다.

박상훈은 국민주권과 기본권을 구별함으로써 정치를 다시금 제도화된 대표 모델로 바꿔 놓는다. "주권이 시민총회의 결과물이라면 기본권은 국민주권도 침해할 수 없는 권리다. 제아무리 국민주권의 원리에 따른 결정이라 해도 기본권의 문 앞에서는 멈춰야 한다."[8] 헌법에 명시된 기본권은 국민을 호명하는 정치권력이 자의적으로 동원할 수 없는 영역이 된다. 하지만 이러한 주장은 헌법을 누가 만드는가라는 질문 앞에서 막힌다. 기본권이 헌법의 산물이라면 그 헌법의 민주적 정당성은 국민에게서 나오는 것이 아닌가? 만약 헌법을 제정하는 데 참여했던 국민이 현재 내가 속한 국민과 다르다고 답한다면 그것은 다시 죽은 조상들의 지배로 돌아가는 오류를 범하게 된다. 기본권이 헌법 이전의 자연권이라는 주장은 뒷문으로 다시 '신'을 소환한다.

'시민총회'와 정부의 안정적인 동거는 바로 인민이 하나의 범주로 명확히 전제될 때 가능하다.

---

8    박상훈, 「국민주권 민주주의에 사로잡힌 한국 정치」, 임지현 외,
     『우리 안의 파시즘 2.0: 내 편만 옳은 사회에서 민주주의는 가능
     한가?』(휴머니스트, 2022), 77쪽.

하지만 인민은 그러한 요구로부터 언제나 도망간다. '우리 인민'은 자연과 사회 사이에서 부유하는 사람들이 만들어 내는 경계가 불확정적인 개념이다. 그런 점에서 언제나 정치적 수사로 동원될 수 있다.

한국 정치의 고독한 반복은 '민주주의'라는 말을 통해 인민의 정체성을 두고 싸우는 데에서 시작된다. 이때 과거는 언제나 해결되지 않는 딜레마다. 그것을 잘 보여 주는 것이 대한민국 건국의 과정이다.

대한민국의 건국과 제헌은 완전히 새로운 시작이었지만 과거와 모종의 관계 맺기를 시도하기도 했다. 대개 새로운 시작은 과거를 반동적이라고 주장하기 마련이다. 정치학자 김성호와 헌법학자 함재학은 이러한 관점을 '백지상태 신드롬(tabula rasa syndrome)'이라고 명명하면서, 그 반례로 한국의 사례를 탐구한 바 있다.[9]

해방 이후 새로운 공화국은 일제 식민 시기와 왕조 시대라는 이중 폭정의 과거를 떨쳐 내며 백

---

9    Chaihark Hahm & Sung Ho Kim, *Making We the People: Democratic Constitutional Founding in Postwar Japan and South Korea*(Cambridge University Press, 2015).

지상태에서의 출발을 강조했다. 그런데 제헌헌법은 기존의 법령과 미군정의 유산을 수용하기도 했다. 무엇보다 과거와의 완전한 청산을 요구하는 반민족특별법 제정(제101조)은 대한민국은 민주공화국이라는 이념(제1조)과 긴장을 야기했다.[10] 과거의 완전한 청산이라는 목표는 입법부에 과도한 힘을 싣게 되어 삼권분립이라는 민주공화국의 이상과 충돌했던 것이다.

하지만 과거의 유산과 새로운 시작의 관계가 반드시 부정적이지는 않다. 과거는 오늘날의 정치가 기초해야 하는 규범적 의미를 담기도 한다. 예를 들어 「기미독립선언서」에 등장하는 '대한'이라는 새로운 공화국의 국호는 식민지와 왕조 시대의 유산을 거부하는 것이기도 했지만, 독립된 주권 국가라는 고대로의 회귀를 의미하기도 했다.[11] 새롭게 시작할 때 우리는 깊은 과거의 우물 속에서 약속의 내용들을 길어 올릴 수 있다. 새로운 시작은 과거와의 대화를 다시 시작할 수 있는 기회이기도 하다.

---

10    위의 책, 162~164쪽.
11    위의 책, 194~195쪽.

## 오래된 협약 앞에서

이제 처음의 질문으로 돌아가 보자. 재건과 민주주의는 어떤 관계를 맺어야 할까?

홉스에 따르면 민주정의 주권자인 민회는 자연상태에서 구성된 가공의 회의체이기 때문에 이론적으로 죽지 않는다. 이 말은 민주정이 한번 설립하면 자연상태로 돌아가지 않는 한 새로운 약속 맺기란 불가능하다는 것을 뜻한다. 이때 사람들을 자연상태로 돌아가지 못하게 만드는 것은 공포다. 공포는 새로운 시작을 불가능하게 만드는 원초적인 감정이다. 결국 우리에게 남은 대안은 이런 것이다. 현재의 통치를 있는 그대로 수용하거나, 통치 영역 밖에서 실패의 기획을 시도하거나.

이 막다른 길에서 나는 다시 한번 『시민론』에서 홉스가 민주정을 논의한 방식에 주목하고 싶다. 홉스적 민주정은 단지 사람들이 모였다는 사실로 인해 수립된다. 누구나 자연과 사회의 경계 속에서 다시 약속의 의미를 물어볼 수 있다. 심지어 민주정이 군주에게 통치를 양도하는 선택을 했을 때조차 우리 인민은 다시 잠에서 깨어나 중요한 결정에 참여할 수 있다. 이 인민은 경계가 모호하고 범주가 불확정하다. 그렇기 때문에 우리는 언제든 다시 모일 수 있다. 어쩌면 이렇게 말할 수도 있겠다. 우리는 언제나 다시 만나고 있다고.

김초엽의 단편소설 「오래된 협약」은 약속의 정치가 공포로 전락하는 상황을 벨라타라는 미지의 행성을 배경으로 그려 낸다.[12] 벨라타는 겉보기에 고요하고 정적인 행성이지만, 거주하는 인간들의 수명은 25세 전후로 극히 짧다. 오브라는 생명체가 내뿜는 루티닐에 의해서 인간들의 뇌가 점차 손상되기 때문이다. 그래서 벨라타 사람들은 오브를 금기로 하는 종교를 믿는다. 소설 속 화자인 노아는 그 신을 모시는 사제다.

벨라타에는 오래된 협약이 있다. 벨라타에 최초로 도착한 인간들은 행성 전체를 뒤덮고 있는 오브들을 살육하며 생존을 유지했다. 그럼에도 연민할 줄 아는 존재였던 오브들은 오랜 잠에 들면서 인간들에게 행성의 시간을 나누어 준다. 벨라타는 신이나 금기가 아니라 오직 인간과 오브 사이의 약속만 존재하는 행성이었다. 하지만 사람들은 약속을 잊었고 남은 것은 신에 대한 두려움과 오브에 대한

---

12    김초엽, 「오래된 협약」, 『방금 떠나온 세계』(한겨레출판, 2021).

금기뿐이다.

지구에서 온 탐사대원 이정을 통해 벨라타의 비밀을 알게 된 노아는 이렇게 말한다.

"우리에게 기꺼이 행성의 시간을 나누어 준 그들에 대한 존중이 오직 그들을 두려워하는 일로만 유지된다는 사실은 비극이에요. 그러나 그것이 마침내 오래된 협약을 완성할 것입니다."[13]

이 말은 홉스가 제시한 정치학의 결론이 신의 모사물이자 지상의 신인 '리바이어던'이었다는 사실과 공명한다.

신의 모사물로 국가를 만든다고 해도 결국 신은 없다. 하지만 서로에 대한 믿음으로 이루어진 민주주의의 약속 또한 오직 두려움에 의해서만 유지될 수 있다. 내가 민주주의라는 집을 재건하는 데 있어 통치의 안과 밖에서 건강한 대안적 정부를 이야기하기보다 '우리 인민'을 구성했던 사회계약의 본질적인 문제들을 이렇게 끈질기게 다시 들여다보고는 이유는 이것이다. 우리는 우리를 다시 만나지 못하게 하는 공포의 정치에서 벗어날 수 있을까? 우리는 동등한 사람들 간의 믿음에 기초한 민

13  위의 책, 226쪽.

주주의로 돌아갈 수 있을까? 주권자 국민의 이름을 호명하기만 하는 방식이 바뀌지 않는 한 통치 구조 안에서 일어나는 적대는 반복될 것이다.

우리가 어떻게 국민이 되었는지에 대한 이야기에는 희망적인 장면도 있지만 은폐된 암울한 장면들도 있다. 이제 그 장면들을 되짚어 보면서 현재를 다시 새로운 기원으로 삼는 재건이 가능한지 살펴보자. 사회계약은 지배와 억압을 정당화하고 위력을 용인한다. 민주주의는 우리와 그들을 구별하고 성숙한 시민과 그렇지 못한 시민을 구분하기도 한다. 이러한 문제의식과 함께 이어지는 장에서는 페미니즘, 분단 문제, 난민 문제, 아동의 권리 등 한국 사회의 이슈들을 들여다본다. 우리 사회의 빛과 그림자를 함께 조명하면서 우리가 다시 만날 수 있는 방법을 모색하기 위해.

# 10장

# 여성이 함께 앉은 협상 테이블

우리에게 익숙한 '선녀와 나무꾼' 이야기에는 정치적 존재로서 여성의 모티프가 등장한다. 나무꾼이 선녀의 날개옷을 숨겨 선녀가 나무꾼과 살게 된다는 이 이야기의 한 판본에 따르면, 나무꾼이 아내를 얻을 수 있게 도와준 사슴은 선녀의 날개옷을 숨기라고 하면서 이런 단서를 덧붙였다.

"아이 셋 낳을 때까지는 결코 날개옷을 돌려주면 안 돼."

하지만 마음 약한 나무꾼은 아이가 둘뿐인 상황에서 아내의 애원을 이기지 못하고 날개옷을 돌려준다. 아내는 양손에 두 아이를 안은 채 날개옷을 입고 하늘로 올라가 버린다. 어떤 판본에서는 세 번째 아이를 입에 물고 떠났다는 절박한 이야기도 전해지는데, 아이가 늘어날수록 여성이 정치적 존재로 변태하기 어렵다는 사실을 보여 주는 것 같다.

누군가는 오늘날 우리 사회가 과거처럼 남성과 여성을 차별하지 않는다고 주장할 수도 있다. 여성에게 투표할 권리가 있고, 남성과 마찬가지로 여성도 공적인 의사결정 과정에 참여하는 시민이 될 수 있기 때문이다. 선녀 이야기는 이제 오래된 설화로만 여겨도 될까? 현실은 선녀와 나무꾼 이야기에서 그리 멀지 않다.

정권을 심판하기 위해 5년을 학수고대한 부부가 있다고 해 보자. 투표일에 갑자기 어린 자녀가 아프다면 그들은 어떻게 할까? 아마도 대부분의 부부는 함께 자녀를 돌보는 쪽을 택하겠지만, 정권 교체라는 막중한 사명을 되새기면서 아내는 남편이라도 투표를 하라고 보내지 않을까? 사례가 과장되어 보인다면, 아이를 출산하고 양육하면서 얼마나 많은 여성들이 직장을 떠나는지 한번 생각해 보자. 투표일뿐 아니라 일상에서 여성은 완전한 시민권을 누리지 못한다고 말할 수도 있겠다.

그러니까 질문은 이렇게 바뀌어야 한다. 여성은 투표권이 있음에도 왜 온전한 정치적 존재로 변태하지 못했는가?

## 여성 없이 쓰인 계약서

여성에게 동등한 투표권이 부여되지 않았던 역사가 보여 주는 것처럼 근대 사회계약은 여성을 동등한 시민으로 간주하지 않았다. 여성은 남성과 동등한 존재가 아니었다. 영화 「서프러제트」에서 19세기 영국 여성 참정권 운동의 지도자 팽크허스트는 여성 동지들에게 시민불복종을 촉구하며 다음과 같이 연설했다.

"우리는 범법자가 되고 싶은 게 아닙니다. 우리는 입법자가 되고 싶은 겁니다. 영국의 모든 여성을 반역자로 주도한 것은 바로 접니다. 저는 노예가 되기보다는 반역자가 되겠습니다."

정부가 여성 선거권 부여에 소극적인 태도를 보이자 운동은 런던의 우체통을 폭파하거나 전선을 끊는 등 법이 만든 질서에 직접적으로 도전하기에 이른다. 팽크허스트의 이 말은 여성을 노예로 전락시킨 법을 지키지 않겠다는 선언이자, 참정권을 통해서 여성이 온전한 시민이 될 수 있다는 미래를 암시하는 것 같다.

팽크허스트가 여성 운동의 성과와 그 미래에 대해 추호의 의심도 하지 않는 영웅적 인물로 묘사되는 것과 달리, 영화 속에 등장하는 다른 여성 인물들은 저마다의 현실에 직면해 있다. 앨리스는 현직 의원의 아내다. 상류 계급에 속한 앨리스는 제도권 내에서의 운동을 지향한다. 선거법 개정을 위한 운동을 이끌다가 의회에서 법안 수정이 거부되자 실망한 채로 운동에 소극적으로 변한다. 앨리스의 극단에 이디스가 있다. 그는 남편과 함께 약국을 운영하며 비밀 모임을 이끌고 핑크허스트의 지시에 따라 점점 더 과격한 운동을 전개한다. 이들 부부에게 아이는 없는 것 같다.

세탁 공장에서 일하는 모드와 바이올릿의 처지는 훨씬 복잡하다. 이들의 현실은 나무꾼과 살고 있는 선녀의 사례에 가깝다. 바이올릿은 모드를 여성 운동에 이끈 장본인이지만 그의 남편은 여성 운동가인 아내를 받아들이지 못하고 폭력을 행사한다. 운동에 적극적이던 바이올릿은 임신한 뒤 이디스가 주도하는 과격한 운동에서 이탈한다. 남편 소니와 함께 세탁 공장의 노동자로 일하는 모드에게는 아들이 하나 있다. 단란한 노동 계급 가정인 이들 부부의 삶은 모드가 여성 운동에 참여하면서 금이 가기 시작한다. 소니는 모드의 행실이 망신을 준다고 여겨 모드를 쫓아낸다. 여성 운동에 참여하게 된 모드에게 가장 힘든 순간은 아들을 만나지 못할 때다.

영화 속 여성들이 처한 상황은 정치적 존재로서 여성이 당면한 문제가 단순히 투표권의 부재가 아니라 여성이 남성에게 종속되어 있다는 사실임을 보여 준다. 남편이 없는 여성들은 공장에서 성적 착취의 대상이 되고, '가정적이지 않은' 행동을 한 여성은 기혼임에도 남성들의 구설수에 오른다. 아이를 임신하고 양육하면 이러한 종속은 심화된다. 심지어 자녀에 대한 권리는 오로지 아버지에게 있다. 소니가 모드의 행동 때문에 망신당했다고 여겼을 때, 그는 아내를 집에서 내쫓고 아들을 입양 보내기로 결정한다.

많은 사회계약론자들이 이러한 이야기를 당연하게 받아들였다. 그들이 보기에 아내에 대한 남편의 권리는 자연스러운 것이었다. 이 권리는 자연상태에서부터 비롯되었다. 분명 사회계약론자들은 가부장제에 입각해 군주의 절대적인 권위를 옹호하던 이론가들에 맞서 시민들의 정치권 권리를 옹호했다. 그러나 남편이 가진 권리 자체를 부정하지는 않았다. 사회계약론자들이 부정한 것은 아버지의 권리를 통해 정치적 지배권을 정당화하는 절대주의 논리였지, 아내에 대한 남편의 권리는 아니었다. 이런 식으로 사회계약론자들은 가정과 국가를 분리하는 데 성공했다.

사회계약론자들이 여성을 협상 테이블에서 너무나 쉽게 배제했던 것과 달리 홉스는 자연상태에서 약속의 가능성을 이야기하기 위해 남성과 여성이 동등하다는 사실에서 출발했다. 홉스는 어떻게 다른 사회계약론자들과 달리 여성이 자연상태에서 남성과 동등한 권리를 가진다고 여길 수 있었을까? 그리고 여성의 권리는 어떻게 다시 사라졌을까?

## 자연상태의 여성과 아이

근대적 민법의 모범이 되고 있는 나폴레옹 법전 제312조는 "혼인 중에 수태된 아이의 아버지는 남편"이라고 규정한다. 아버지라는 존재는 단지 추정될 뿐이다. 한편 자연상태에서 결혼법은 존재하지 않는다. 따라서 아이의 아버지를 추정할 수 있는 법적인 근거도 없다. 공동의 권위가 만들어지기 이전 자연상태에서의 모든 관계와 마찬가지로 남성과 여성의 관계는 일시적으로만 성립할 뿐이다. 따라서 남성과 여성이 성교하기로 합의하거나, 심지어 정복에 의한 성교가 이루어졌다고 해도 남성은 아이가 친자인지 확인할 수 없다. 오직 여성의 증언만이 아버지의 존재를 보장한다. 자연상태에서 태어난 아이에 대한 권리는 오직 어머니인 여성에게 있다. 태어난 아이를 거두어서 기를지 아니면 방기할지 아이의 생존을 결정할 수 있는 것은 여성이기 때문이다.

이런 홉스적 모권사회는 금방 가부장적 시민사회로 이행한다. 이러한 역설을 추적하면서 정치학자 캐럴 페이트먼은 한 가지 가설적 주장을 펼쳤다. 바로 여성이 아이의 주권자가 됨으로써 남성과의 전쟁에서 질 수밖에 없었다는 것이다. 아이를 안고는 전투를 할 수 없다. 아이가 많다면 더욱 그럴 것이다. 자연상태에서는 남성과 여성이 평등하므로 여성은 남성 파트너와 배타적인 성관계를 맺거나 아내가 됨으로써 남성의 지배를 자청할 이유가 없다. 하지만 여성이 아이를 낳아 그 주권자가되는 순간 남성과의 전쟁에서 불리한 위치가 된다. 페이트먼의 말처럼 "어머니이자 지배자가 된다는 것이 자신의 파멸을 부르는 일이 된 것"이다.[1] 「서

1    캐럴 페이트먼·메어리 린든 쉐인리, 이남석·이현애 옮김, 『페미니즘 정치사상사』(이후, 2004), 113쪽.

프러제트」에서 여성 운동가들을 주저하게 만들고 운동에서 이탈하게 만드는 것 또한 임신과 출산 그리고 아이의 양육이었다.

페이트먼은 근대 사회계약이 이처럼 여성에 대한 남성, 더 정확히는 아내에 대한 남편의 권리를 은폐했다는 점을 강조한다. 불평등한 사회계약을 통해 근대적 형태의 가부장제는 성립되었다.[2] 이 계약은 부부관계의 권리, 즉 성교권을 핵심으로 한다. 남성은 "부인의 성적 서비스와 가사 서비스"를 통해 계약의 주체인 시민이 된다.[3] 국가와 사회라는 공적 영역뿐 아니라 가정이라는 사적 영역도 사회계약을 통해서 성립된다. 바꿔 말해 사적 영역 또한 약속이 맺어지고 파기되고 갱신될 수 있는 공간이다.

비판자들은 사회계약이 이러한 성적인 지배를 은폐한다고 주장한다. 홉스가 예외적이라면 바로 은폐의 논리를 가감 없이 드러낸다는 점에 있다.

---

2    Carol Pateman, *The Sexual Contract*(Stanford University Press, 1988/2018). 이 책은 사회계약론을 여성주의적 관점에서 해석한 기념비적 연구로 30주년 기념판이 출간되기도 했다. 페이트먼은 민주주의와 페미니즘 이론에 기여한 대표적인 정치학자로 여성 최초로 미국 국제정치학회 회장을 역임한 바 있다.

3    캐럴 페이트먼·메어리 린든 쉐인리, 위의 책, 117쪽.

홉스는 약속이 그저 말의 문제가 아니라 힘의 문제라는 사실을 잘 알고 있었다. 자연상태에서 모든 사람은 홀로 존재하고 여성도 남성을 죽일 수 있다. 여성은 자신의 생존을 위해 아이를 죽게 내버려 둘 수 있다. 가정은 자연스럽지 않다. 오히려 약속의 이면이라고 할 수 있는 지배의 산물이자 정치적 산물이다.

　아이가 아플 때 아빠보다 엄마가 먼저 집으로 돌아가는 것은 자연스러운가? 절대주의 이론가들은 이러한 행동이 자연에 부합하기 때문에 정당하다고 했을 것이고, 대부분의 사회계약론자들은 자연스럽기 때문에 법에 의해 정식화되었다고 말할 것이다. 반면 홉스는 그것은 약속이 이루어지기 전 일어난 지배의 산물이라고 이야기할 것이다. 정치적 약속은 그 기원에서부터 인간이 인간을 지배한다는 현실에 직면한다. 홉스는 이러한 현실을 자신의 이상에 편입시켰지만, 이는 계약을 통해 교정될 수도 있는 것이었다.


## 집안일을 분배하는 정치

정치적 약속은 투표권을 얻는다고 완성되지 않는

다. 남성들은 단지 투표라는 행위를 통해서 정치적 존재가 된 것이 아니기 때문이다. 남성들은 자연 상태에서 무기를 내려놓고 평화의 테이블에 둘러 앉기로 합의한 존재들이다. 여성들은 바로 그 직전에 남성들에게 패배했기 때문에, 정치적 존재로 변태하는 데 실패했다. 아이가 아플 때 아빠보다 엄마가, 남성보다 여성이 먼저 집으로 돌아가야 하는 현실이 그 증거다. 여성의 양육 책임은 자연적 본성이 아니며, 온전한 정치의 결과물도 아니다. 대등한 약속이 아니라 지배의 산물이기 때문이다.

약속의 체결 전 전쟁 상황으로 관심을 돌려 보자. 여성이 아이를 출산하고 기르기로 결정했다는 바로 그 사실 때문에 남성들에게 지배당할 수밖에 없다면, 새로운 정치적 약속은 바로 이러한 현실을 교정하는 내용들을 담고 있어야 한다. 홉스가 현실의 내전으로부터 탈출하기 위해 자연상태를 구상한 것처럼, 우리는 여성에 대한 남성의 지배 관계를 종식시키기 위해서 약속의 목록을 다시 써야 한다.

어떻게 약속의 목록을 새롭게 쓸 수 있을까?

임신과 출산 그리고 양육으로 이어지는 일들이 사회적으로 분배되는 방식은 남편과 아내의 불평등한 지위와 긴밀하게 연결된다. 남성이 부모를 떠나 아내가 해 주는 밥을 먹으며 건강한 시민이자 노동자로 사회생활을 할 수 있는 것은, 페이트먼이 강조했듯 여성을 임신시킬 수 있는 남성의 권리가 우리 사회를 구성하는 계약서 어딘가에 은밀하게 적혀 있기 때문이다. 여전히 취업 시장에서는 남성이 선호된다. 남성이 일을 잘해서라기보다는 남성은 임신을 할 수 없으므로 일을 더 시킬 수 있는 구조에 놓여 있기 때문이다. 여성과 달리 남성의 육아휴직은 자연스럽지 못한 직장들이 여전히 많다. 소수의 계층을 제외하면 육아를 위해 전통적인 남녀 분업을 따르는 것이 합리적 선택이다. 남성은 돈을 벌고 여성은 아이를 키우는 것이야말로 평화로운 결론인 것이다.

하지만 그 평화는 동등한 상태의 평화는 아니다. 더군다나 부부가 모두 직장과 집 안에서의 노동에 지쳐 있다면 이 평화는 누구에게도 만족스럽지 못한 상태일 것이다. 그러니까 가부장적 보호와 복종의 교환은 동등하지 못할 뿐 아니라 불안정한 평화를 만들어 낼 따름이다.

결혼을 하지 않고 임신과 출산, 양육을 포기하면 남성과 여성이 동등한 계약의 주체가 될 수 있을까? 하지만 이 경우 사회는 지속되지 않을 것이며,

소극적인 대처가 우리 사회의 계약을 완전히 바꿀 수 있는 것도 아니다. 사회를 지속시키면서 약속에 숨겨진 지배를 바로잡기 위해서는 국가 구조 안에서 임신과 출산, 양육의 부담을 균등하게 배분하는 일이 요구된다.

너무 뻔한 말 같은가? 그렇다면 이 진부한 요구에 대한 응답이 미진한 이유는 무엇일까? 이 문제에 국가가 적극적으로 개입해야 하는 이유가 불분명하기 때문일 것이다. 사회계약을 통해 공적인 영역뿐 아니라 사적인 영역 또한 출현한다면, 양육에 대한 국가의 적극적 개입은 사회계약이 은폐한 성적인 지배를 교정하는 길이다. 이는 친밀하고 사적인 영역에서 우리가 동등한 시민이 되기를 가로막는 문지방을 없애는 일이다. 이 문지방은 아이가 있는 여성뿐 아니라 비혼 여성이 차별받는 원인으로 작용한다. 결국 국가가 개입해야 양육의 부담을 분담해야 하는 사람들뿐 아니라 결혼과 임신, 출산과 양육을 하지 않는 사람들, 혼자서 아이를 양육하는 사람들도 동등한 시민으로 만날 가능성이 확장될 수 있다.

자연상태의 여성이 남성에 의해 지배되지 않았다면 가부장적 상징으로서의 리바이어던도 성립하지 않았을지 모른다. 오늘날 우리 정치가 중년 남성의 모습을 하고 있는 이유는 그것이 아내를 조력자로 가진 시민들의 초상이기 때문이다. 출산과 양육으로 불어나는 집안일을 분배하는 일 자체가 우리라는 약속을 새로 쓰는 일이다. 집안일의 분배가 균등할 때 우리 정치의 얼굴도 달라질 수 있다.

# 11장

위력에 동의하지 않는 힘

2020년 박원순 전 서울시장의 죽음과 그의 장례를 둘러싼 논쟁이 있었다. 나는 '서울특별시장(葬)'이라는 장례 방식과 그 자리에서 운위된 예의의 문제에 초점을 맞춰 글을 썼다.[1] 성 비위 의혹이 제기된 당사자의 죽음이 공적인 형식으로 기념되고, 의혹을 제기하는 목소리에는 예의가 없다는 힐난이 돌아온 데 주목했다. 박원순 전 서울시장의 성 비위 의혹이 직장 내 위력에 의한 것이었다면, '서울특별시장'이라는 장례 형식은 위력의 문제를 이중으로 은폐하는 역할을 수행했다. 위력은 은밀하게 행사

[1] 조무원, 「왕이 죽으면 어떻게 될까?」, 《한편》 6호 '권위'(민음사, 2021), 21~38쪽.

되지만 다시 도덕적으로 정화된다.

이 장에서 나는 논의를 보다 확장해서 위력의 문제를 사회계약이라는 관점에서 다시 생각해 보려고 한다. 만약 의례의 정치가 동등한 사람들 간의 계약의 정치로 변하면, 우리는 위아래의 구별 없이 정말 평등한 존재로 만날 수 있을까? 이 질문에서 우리는 동의라는 까다로운 개념을 다시 만난다.

## 성폭력에서 동의의 문제

위력과 함께 볼 때 동의는 실로 이해하기 어려운 복잡한 관념이다. 래디컬 페미니스트들은 동의와 위력을 구별할 수 없다고 여긴다. 이러한 논리에 따르면 강간과 섹스의 구분 역시 의미 없다.[2] 모든 성관계는 강간이다.

동의는 최근 이른바 '비동의 간음죄'와 관련해 주목을 받았다. 악용될 소지가 있다는 주장에도 불구하고 '비동의 간음죄'와 관련된 입법의 필요성이 꾸준히 제기되는 이유는 한국 사회에서 성적 관계가 평등하지 않기 때문이다. 친밀한 영역에서조

---

2    밀레나 포포바, 함현주 옮김, 『성적 동의』(마티, 2020), 30~31쪽.

차 위력과 동의의 경계가 불분명하다는 점에서 말이다. 성폭력 사건 피해자에게 형법은 명시적 위력을 입증할 폭행과 협박의 증거를 요구한다. 격렬히 저항하지 않으면 동의한 것이 되어 버린다. 이러한 요구는 평등하지 못한 관계에서 작동하는 다양한 무형의 위력에 눈감는다. 상사와 성폭력 범죄 직원, 교수와 학생 관계에서 동의는 어떤 의미일까?

한국보다도 성차별이 심한 일본에서 성폭행 피해 사실을 최초로 공개 폭로한 저널리스트 이토 시오리는 친밀한 영역에서 일어나는 성폭력 범죄를 '블랙박스'라는 말로 표현했다. 그는 언론계 선배로부터 일자리를 제안받는 자리에서 성폭행을 당했다. 사건 당시 그는 술을 마시고 기억을 잃었다. 검찰은 '증거 불충분'이라는 이유로 불기소 처분을 했다. 블랙박스라는 말은 이 과정에서 담당 검사가 언급한 표현이었다. 밀실에서 일어난 일은 제삼자가 알 수 없다는 취지였다. 이토 시오리는 콜롬비아 게릴라나 페루의 코카인 정글 등을 취재하기 위해 변경 지역에 머물 때보다 안전한 나라라고 여겨지는 자신의 조국 일본에서 가장 위험했다고 증언한다.[3]

밀실에서 일어난 일이기 때문에 피해자가 진

정으로 동의를 했는지 알 수 없는데도, 마치 물리적인 폭력만 행사되지 않았다면 어떤 감정과 상태에서든 동의가 이루어졌다고 가정되는 것 같다. 홉스 역시 공포에 의한 동의가 성립한다고 보았다. 홉스가 이러한 결론에 도달한 이유는 인간의 생명보다 더 중요한 것은 없기 때문이다. 생명을 보존하기 위해서 나의 생명을 저당잡고 있는 힘 있는 사람과 계약을 맺는 것은 정당하다. 물론 이는 국가가 성립되는 특수한 상황을 전제한다.

국가가 성립하면 홉스적 동의 개념은 퇴장할까? 강간 문제는 그렇지 않다고 이야기한다. 친밀한 영역에서 홉스적 동의가 다시 모습을 드러낸다. 명시적 폭행과 협박에 대한 물리적 반항만이 '아니오'의 증거가 된다는 말은, 동의 여부가 힘의 문제로 환원되는 『리바이어던』의 사회계약과 유사한 면이 있다. 친밀한 영역에서의 관계는 이렇게 다시 자연상태로 진입한다.

---

3    이토 사오리, 김수현 옮김, 『블랙박스』(미메시스, 2018), 10쪽. 그는 성폭행 상황을 인식했을 때 그가 가해자 야마구치에게 영어로밖에 욕을 할 수 없었다고 증언한다. "여성이 손위 남성에게 쓸 수 있는 대등한 항의의 말이 자연스럽게는 입에서 나오지 않았다. 애당초 일본어에는 존재하지 않았던 건지도 모른다.(52쪽)"

우리는 동의할 수 있을까? 혹은 동의가 강제된 상황에서 동의하지 않을 수 있을까? 우리가 '아니오'라고 말할 때마다 권위자들은 우리를 밀실로 부른다. 아무도 보지 못하는 방에 들어가면 저 사람과 나 사이의 힘의 차이가 더 분명하게 드러나기 마련이다. 그 힘이 물리적인 형태가 아니라 사회적 지위 같은 사회문화적 형태라면 밀실의 권력은 훨씬 교묘하고 광범위해진다. 용기를 내서 '아니오' 하고 돌아선 등 뒤로 '예의가 없다'는 도덕적 힐난이 여지없이 꽂힌다. 사회는 권위자의 밀실이 된다.

## '아니오'의 가능성

권위자의 밀실에서 어떻게 빠져나올 수 있을까? 홉스적 동의의 성격을 제대로 이해하는 일이 해법이 될 수 있다. 홉스에게 동의는 힘과 위력으로 메울 수 없는 정당성의 원천이며, 따라서 (부)동의는 잠재적인 힘을 갖는다. 중요한 것은 (부)동의가 공동의 권위와 맺는 다른 관계를 찾는 일이다. 위력에 대한 거부가 사회계약을 갱신할 수 있다.

『리바이어던』의 부록인 '재검토와 결론(Review and Conclusion)'에는 위력과 동의 문제를 생각해 볼 흥미로운 관점이 등장한다. 여기에서 홉스는 백성들이 이전 주권자로부터 실질적인 보호를 받지 못할 때 적에게 세금을 내고 새 주권자에게 항복하는 것은 불법이 아니라고 쓰고 있다. 홉스 연구자들 사이에 이 부록은 홉스가 왕당파에서 새로운 공화국의 지지자로 전향했다는 단서로 해석되기도 한다. 실제로 그는 크롬웰의 군대가 승기를 잡았을 때 파리 망명정부에서 런던으로 귀국했고 공화국 정부에서 대체로 평온한 삶을 보냈다고 한다. 왕이 더 이상 자신을 지켜 주지 않는다면 정부의 형태와 상관없이 새로운 권위에 충성할 수 있다는 논리를 증명한 것이다. 이러한 해석에 따르면 홉스는 군주정 예찬론자가 아니라 실질적인(de facto) 권력 개념을 옹호한 정치이론가였다.

일부 연구자들은 이 부록을 홉스가 계약론을 포기했다는 증거로 삼는다. 실질적인 권력 이론은 복종과 동의의 교환이라는 홉스적 계약론과 양립할 수 없다.[4] 누군가 실질적인 권력을 지니고 있다면 사람들이 그에게 복종할 정당성이 충분하기 때문이

---

4    Quentin Skinner, "Conquest and consent: Thomas Hobbes and the engagement controversy," *The Interregnum* (Palgrave, London, 1972), pp.79~98.

다. 쿠데타를 일으킨 집단이 쿠데타를 성공해 정부를 장악했다면 그 정부는 합법적이다. '성공한 쿠데타는 처벌할 수 없다'는 검사의 말을 기억해 보자.

리바이어던의 세계에서 '아니오'는 정말 무력한 것일까? 홉스는 분명 위력과 동의를 혼란스럽게 만들었다. 국가가 리바이어던으로 이해될 때 모든 정부는 힘과 두려움에 기초해 시민들의 복종을 요구할 수 있었다. 하지만 그는 왜 힘이 곧장 정당성을 발생시킨다고 이야기하지 않았을까? 밀실에 들어간 권위자는 사실상 아랫사람의 동의를 필요로하지 않는데 말이다.

이때 흥미롭게도 홉스의 과학철학을 살펴보면 실마리가 잡힌다. 홉스는 흔히 정치사상가로 알려져 있지만, 그는 갈릴레이 물리학의 정신을 따르는 일단의 과학 사상가들과 교류하면서 근대과학의 철학적 문제와 씨름하기도 했다.

홉스는 세계가 힘에 의해서 결정된다고 보았던 철학자였다. 그는 공간을 점유하는 물체들의 운동을 통해 세계를 설명했다. 게다가 영혼과 정신의 독립성을 부정하면서 신조차도 물리적 대상으로 이해하고자 했다. 홉스는 물리적 세계의 운동들을 설명할 수 있는 최초의 인자로만 철학적 신을 용인

했다.[5]

이러한 과학적 인식론은 그의 정치학에도 영향을 미쳤다. 인간에 대한 신의 지배는 어떻게 정당화되는가? 신의 무제한적인 힘에 의해서다. 절대적 힘이라는 사실적 근거가 정치의 규범적 정당성을 뒷받침한다. 홉스는 하나님이 인간을 통치할 수 있는 자연적인 권리는 신이 가진 '불가항력'에서 생긴다고 보았다.[6] 인간들 사이에서 이루어지는 협약에 상호 동의가 필요한 이유는 바로 인간이 신과 같은 '불가항력'을 지니고 있지 않기 때문이다.

분명 홉스는 신의 피조물이자 모사물인 리바이어던이라는 바다괴물로 국가를 묘사했다. 이는 국가가 백성들에 대해서 절대적인 힘을 지니고 있다는 상징이다. 그런데 여기에서 홉스가 사용한 표현에 다시 주목해 보자. "좀 더 경건하게 말하자면 '영원한 불멸의 하나님'의 가호 아래, 인간에게 평화와 방위를 보장하는 '필멸의 신이 탄생"한다.

나는 여기에서 홉스가 국가를 신으로 묘사하면서도 그 한계를 보여 주는 데 거리낌이 없었다

---

5    홉스의 과학철학에 대해서는 리처드 턱, 조무원 옮김, 『홉스』 (교유서가, 2020), 90~109쪽 참고.

6    토마스 홉스, 『리바이어던 1』, 459쪽.

고 본다. 보통 '경건'이라는 단어를 입에 올릴 경우 진지한 언사가 되기보다는 다소 비아냥거리는 말투가 되지 않는가. 게다가 '불멸'과 '필멸'의 거리는 심연에 가깝다. 정치는 매순간 죽어 가는 사람들이 만들어 낸 결과물이지만 바로 그렇기 때문에 불멸성을 추구한다. 대한민국 헌법이 우리의 행복을 영원히 확보할 것으로 다짐하고 있다는 사실을 생각해 보자. 독재국가들은 독재자가 죽으면 미라로 만든다. 자연인인 왕이 죽을 때조차 왕의 정치적 신체는 죽지 않는다는 허구적 관념이 왕조를 지탱했다. 홉스는 그러한 기획이 난망하다는 사실을 표현하고 있다.

힘과 운동으로 세계를 설명하던 철학자는 인간과 신의 차이를 강조하는 것처럼 보인다. 홉스에 따르면 국가는 인공적 영원성(artificial eternity)을 추구한다. '필멸의 신'이라는 모순적인 표현은 사람들이 만든 인공의 정치와 진정한 신, 즉 절대적인 힘 사이에 메울 수 없는 간극이 있다는 것을 의미한다. 인간은 신이 될 수 없다. 여럿이 모여서 힘을 합친다고 해도 상대적인 차이를 만들어 낼 뿐이다. 홉스는 자연상태의 한 인간이 아무리 강한 힘을 가지고 있다고 해도 잠이 드는 순간 언제든 살해당할 수 있다고 강조했다. 인간은 서로 죽일 수 있다는 사실로 인해 평등하고 그만큼 무력하다. 신은 자신의 절대적 힘만으로 충성과 복종을 이끌어 내지만, 인간(들)은 반드시 다른 정당한 기반을 만들어 내야 한다. 그것이 바로 동의다.

이처럼 동의가 힘과 구별되는 별도의 정당성의 원천이라는 주장은 부동의의 가능성을 열어 준다. 허먼 멜빌의 소설 『필경사 바틀비』에서 바틀비가 처한 운명처럼 현실에서 부동의가 자기보존의 실패로 이어진다 해도 말이다. 바틀비는 자기에게 주어진 업무에 "하고 싶지 않습니다.", "그렇게 안 하고 싶습니다.", "지금은 대답 안 하고 싶습니다." 따위의 대답만을 늘어놓는 인물이다. 바틀비가 매사 '아니오'라고 말한다고 해서 노동과 자본이 지닌 힘의 격차는 메워지지 않는다.[7] 그는 결국 교도소

---

7    『필경사 바틀비』가 보여 주는 부자에 의한 빈자의 지배 혹은 자본에 의한 노동의 지배야말로 루소가 극복하고자 했던 사회의 모습이자, 로크가 정당화하려는 사회였다. 로크의 사회계약은 바틀비의 '아니오'가 지닌 징딩성에 의문을 표할 것이다. 홉스와 달리 로크는 재산권과 소유권을 자연권의 일부로 보았으며, 사람들이 서로 간의 공포가 아니라 이런저런 불편 때문에 정부를 수립한다고 여겼기 때문이다. 따라서 재산권 앞에서 정부의 권한은 크게 제한된다. 반대로 루소는 『인간 불평등 기원론』에서

에서 음식을 먹는 것조차 거부하면서 생을 마감한다. '아니오'의 종착지는 자기보존의 실패다.

그러나 홉스적 관점에서 보면 그 순간에도 (부)동의는 규범으로 기능한다. 결국 죽음을 맞은 바틀비의 '아니오'는 분명 무력해 보인다. 하지만 동시에 그의 죽음은 자기 생존을 결정할 수 있는 이는 바로 자신이라는 사실을 보여 준다. 현실 속 권위에 참여할지 말지 결정하는 주체는 바로 나다. 바틀비의 '아니오'는 역설적으로 우리에게 약속을 다시 맺을 수 있는 힘이 있다는 것을 보여 주는 가능성의 언어다. '아니오'의 부재가 공동의 권위를 만든다면, '아니오'를 통해 기존의 권위를 무너뜨리고 다시 평등한 관계를 정립할 계기를 마련할 수 있다. 즉 현실적으로 존재하는 힘과 그것을 정당화하는 규범은 구별될 수 있다. 홉스는 이렇게 말하기도 했다. "피정복자에 대한 지배권은 승전에 의해서가 아니라 피정복자 자신의 신의계약에 의해서 생겨난다."[8]

자기 땅에 울타리를 세운 최초의 사람이야말로 문명의 창시자라고 보았다. 사적 소유는 불평등한 사회의 시발점이다.

8    토마스 홉스, 『리바이어던 1』, 269쪽.

## 여성살해에 대한 공포

동의의 규범적 효력을 이용해 우리의 부동의를 사회계약 안으로 다시 편입시킬 수 있을까? 이러한 방식을 적용해 볼 수 있는 가장 홉스적인 사례는 역시 인간의 자기보존 문제일 것이다.

사회계약이 근본적으로 성 계약이라는 지적을 떠올려 보자. 성인 남자들이 약속을 통해 국가를 건립하기 이전 남성들은 여성들에 대한 지배를 우선 관철시킨다는 뜻이다. 오늘날 성 계약의 일면을 보여 주는 것은 여성살해(femicide)의 문제다.

2016년 '강남역 살인사건' 이후로 한국 사회에는 여성이 살해되는 사건을 이해하는 방식을 두고도 사회적 갈등이 야기되었다. 반대로 여성에 의해 남성이 살해된 사건은 젠더갈등의 양상을 덜 보이면서 오히려 희대의 사회적 사건이 되는 경향이 있다. 후자의 사건이 그렇게 간주되는 이유는 무엇일까? 어쩌면 자연상태의 도래에 대한 근본적인 공포가 반영된 것은 아닐까? 스스로 시민이라고 생각하는 남성들의 공포 말이다. 시민사회의 구성원들이라고 스스로 생각하는 사람들이 언제든 죽을 수 있는 상태야말로 자연상태가 아니고 무엇이겠는가? 자연상태에서는 가장 힘이 센 사람도 잠들면 언제든 공격받을 수 있다. 자연상태라면 남성과 여성은 자기보존의 문제에 있어서 평등하다. 그래서 남성들은 여성이 남성을 살해하는 사건에서 자연상태의 도래를 감지하는 것일지도 모른다.

자연상태에서는 남성이든 여성이든 동일한 공포를 느낀다. 그렇다면 여성살해로 이어지는 남성의 폭력성은 남성성이라는 자연적 본성에 기인하는 문제가 아니다. 문제는 사회에서 왜 남자가 여자를 상대적으로 더 많이 죽이는지다. 자연상태의 평등성을 고려할 때 그것은 사회의 산물이며, 더 정확히는 사회계약의 결과다. 결국 여성살해는 우리 계약의 일부다. 여성살해는 단지 사회 속에서 만나는 남성과 여성의 물리적 힘의 차이에서 비롯된 사건이 아니다.

그런 점에서 2022년 9월 신당역에서 일어난 여성살해 사건에 대한 여성가족부 장관의 발언은 의미심장하다. 그는 "여성과 남성의 이중적 프레임으로 보는 것에 동의하지 않는다"면서 이 사건을 '스토킹 살인 범죄 사건'으로 규정했다.[9] 이 사건은

---

9    홍인택, 「김현숙 여가부 장관 "신당역 살인, 여성혐오 범죄 아냐"」, 《한국일보》, 2022년 9월 22일.

한 남성이 동료 여성 직원을 상습적으로 스토킹하다 재판에서 실형을 선고받자 그 보복으로 여성을 살해한 사건이었다. 장관의 발언은 이 사건이 동등한 시민과 시민 사이의 범죄라는 인식을 담고 있다. 이는 위력의 문제를 고려하지 않고 여성과 남성이 계약서상 동등한 지위를 지녔다는 사실을 다시 반복하는 것에 지나지 않는다.

우리의 부동의가 각각의 밀실에 갇히지 않기 위해서는 '아니오'들을 모아 약속의 목록을 다시 쓰는 일이 필요하다. 또한 그러한 약속이 공허해지지 않기 위해 국가의 강제력이 수반되어야 한다. 약속 지키기는 국가 없이 불가능하다. 약속이 정치를 구성하는 규범적인 약속이 되기 위해서는 그 약속의 내용이라고 할 수 있는 자연권의 포기와 양도를 통해 성립되는 국가의 힘이 반드시 필요하다.

이상적으로 사회계약 아래에서 모든 시민들은 동일한 공포를 동일한 방식으로 느낄 것이다. 상호 간의 불신이 만들어 내는 공포(자연상태)나 특정한 사회적 집단이 다른 사회적 집단에 느끼는 공포(성계약)가 아니라 우리가 만든 공동의 권위에 대한 동등한 두려움 말이다. 여성살해 사건을 접한 여성과 남성들은 동일한 공포를 느끼는가? 사회적 소수자에 대한 공격은 어떤가? 어떤 죽음에 대해 사회는 같은 두려움을 공유하는가? 나는 이 질문들이야말로 사회계약을 다시 쓰면서 동료 시민들이 함께 던지고 답해야 하는 문제라고 여긴다.

# 12장

**경계를 끌어안는 헌법**

감염병 시대에 많은 국가들이 자국민을 보호하기 위해 국경을 통제했다. 자국민 보호와 국경 통제 사이의 상관관계는 코로나19 바이러스가 전 세계를 휩쓸 무렵부터 논쟁적이었다. 국경을 빠르게 통제한 국가들이 초기 방역에 성공한 것처럼 보이기도 했다. 하지만 국경을 닫는다 해도 질병의 유입을 원천적으로 차단할 수 없으며 국경의 봉쇄는 경제적 취약 계층을 더욱 어렵게 한다는 반론도 제기되었다.

## 국경 통제의 근거

정부가 자국 국경을 통제하는 행위는 무역과 여행

을 제한한다는 점에서 자유주의에 반하지만 민주적 자결권의 차원에서는 쉽게 정당화된다. 샹탈 무페는 민주적 동일성 개념이 누가 인민에 속하고 누가 배제될지 구별을 요구한다는 점에서 민주주의가 필연적으로 불평등과 관련 있다고 주장했다.[1] 그렇다면 국경 통제를 반대하기 위해서는 민주주의의 조건으로 보편적 인권 같은 개념을 옹호하는 자유주의의 반론들을 참고해야 할 것 같다. 민주주의는 국경 통제를 옹호하는 논변이 되기 충분한가?

국가 간 경계를 통과해 자신의 터전을 옮기려는 이주민과 난민들에게 이 문제는 자기보존이 달린 시급한 일이다. 트럼프의 대통령 당선 이후 미국 사회에서는 불법 이민자들에 대한 추방이 본격화되었다. 2017년 트럼프 대통령은 불법 이민자를 추방하는 행정명령에 서명했고 이 행정명령에 따라 이민세관단속국(ICE)은 불법 이민자들의 주거지를 뒤져 목록에 올라 있는 사람들을 체포하고 추방했다. 특히 작전 수행 과정에서 부모와 자녀를 분리하는 엄격한 무관용 정책이 시행되면서 국

---

1    Chantal Mouffe, *The Democratic Paradox* (Verso Books, 2000), p.39.

제사회의 비난을 받았다. 한 관리는 자신들의 작전 수행을 정당화면서 다음과 같이 말했다. "음주 운전을 한 부모가 뒷좌석에 자녀를 태우고 있었다면 부모는 체포되고 그 자녀는 정부가 보호할 것이다. 부모와 자녀를 분리하는 정책 역시 마찬가지다. 법은 법이다."[2]

국내외의 비난에 직면한 트럼프 대통령은 결국 스스로 자신의 행정명령을 뒤집었지만, 언제나 법이 있어 왔고 단지 그동안 집행되지 않았다는 논리를 펼쳤다. 법이 민주주의의 산물임을 고려하면 결국 민주주의가 이민자 가족을 비인도적인 방식으로 분리하는 데 정당성을 제공했다고도 할 수 있다. 트럼프의 조치에 반대한 시민들이 내놓은 근거도 민주주의가 아니라 인도주의에 반한다는 것이었다.

민주주의는 국경을 통제하고 사람들의 이동을 제한하고 사람들의 생존을 위협하는 조치들을 정당화할 수밖에 없을까?

국경 통제를 주장하는 이들은 법을 만든 인민의 경계가 고정되어 있다고 전제한다. 만약 이 전

---

2    넷플릭스 오리지널 다큐멘터리 「이민자의 나라」 1회.

제가 틀렸다면 이야기는 달라진다. 민주주의의 가치를 실현하는 주체가 불분명하다면 국경 통제와 같은 민주적 자결권의 행사 또한 정당성을 결여한 것이 된다.

민주주의 이론가들은 이것을 '경계의 문제(boundary problem)'라고 부른다. 민주주의가 성립하기 위해서는 인민의 범주가 결정되어야 하는데, 인민의 범주가 설정되기 전에는 그 범주를 결정할 주체가 없다. 현대 정치 이론가들은 이 복잡한 문제를 회피하고 공동체를 닫힌 형태로 전제하는 방식을 취하곤 한다. 예를 들어 롤스는 정의론을 구상하면서 개인들이 출생을 통해 진입하고 죽음을 통해 이탈하는 닫힌 공동체를 상정했다.[3] 롤스는 이러한 논리의 연장선에서 각 사회 구성원이 "스스로를 인민이라고 인식하는 자기 존중감"[4]이 있어야 한다고 보았고 이주는 그러한 공동의 문화를 저해한다고 생각했다. 여기에서 경계의 문제는 제기되지 않는다.

롤스의 지적처럼 공동체로의 진입이 출생에

---

3    존 롤스, 위의 책, 14쪽.

4    John Rawls, *The Law of the Peoples*(Harvard University Press, 1999), p.34.

의해 결정된다면 민주주의는 정당성보다는 역사적 우연에 의해 결정되는 셈이다. 이러한 논리에 따르면 우리는 우리 인민의 역사적 기원을 다시 탐구해야 한다. 대한민국의 생일을 찾고 우리의 기원을 특정한 헌정사적 맥락 속에 위치시켜야 한다. 역사적 기원을 중요하게 여기는 감각은 헌법을 읽는 방식에도 영향을 끼친다. 헌법이 역사적 기원을 가지고 있다면 그것은 당대 제정자들의 의도 속에서 해석되어야 할 것이기 때문이다. 헌법학자들은 이를 원의주의(originalism)라고 부른다.

## 대한민국이라는 기원의 균열

그런데 대한민국의 기원 자체가 경계의 문제를 반영한다는 점에서 현실은 훨씬 복잡하다. 1948년 제헌헌법은 국민들이 선출한 대표자에 의해 제정되었는데, 당시 대표자들은 민족 전체를 대표한다는 관념을 갖고 있었다. 제헌의회는 이북지역의 대표자를 위한 100석을 남겨 둠으로써 민족 전체를 대표한다는 원칙에 충실하고자 했다. 또 우리 민족은 1919년에 이미 자신의 국가를 건설했기 때문에 제헌헌법은 민주공화국을 '재건'한다고 표현한다.

민족과 국민의 불일치는 우리라는 정체성에 균열을 낸다.

이를 잘 보여 주는 사례가 있다. 1948년 '정부 수립 기념 표어' 현상 공모가 있었다. 응모작은 모두 4353편이었고 1등 당선작은 없었다. 2등을 한 작품은 "오늘은 정부수립 내일은 남북통일"이었다. 이 표어는 남한만의 단독정부라는 사실을 은연중에 드러냈기 때문에 1등이 될 수 없었던 것일까? 표어에 따르면 정부 수립은 미완의 과업이었다. 대한민국 정부는 통일이라는 과제를 남겨 두고 우리가 누구인지에 대한 질문에 명확한 답을 내리지 않은 상태였던 것이다.

나는 이 사례와 질문을 연극 「당선자 없음」을 통해 접했다. 극작가 이양구는 작가노트에서 '당선자 없음'이라는 제목이 해방 이후 통일된 나라를 만들지 못한 채 남한 단독 선거로 구성된 대한민국 정부를 상징적으로 보여 주는 말이라고 쓴다.[5]

연극 「당선자 없음」은 대한민국 제헌헌법 초안 작성 과정을 재구성하면서 헌법 초안을 작성한 친일파들이 자신을 저자로 드러내지 못한다는 허

5    연극 「당선자 없음」 프로그램북.

구적 설정으로 시작된다. 그러면서 제헌헌법 제18조, 즉 노동자가 사기업의 이익 분배에 균점할 권리가 있다는 '이익균점조항'이 5·16 군사 쿠데타 이후 개정된 헌법에서 누락된 사실에 오늘날 비정규직 방송작가들의 노동 문제를 겹쳐 놓는다. 연극 속에서 '당선자 없음'은 '당사자 없음'이란 말로 읽힌다. 헌법의 저자로서 우리 인민이 바로 그 약속으로부터 배제되는 양상을 포착하는 연극이다.

## 북한 주민과 국민의 경계

우리를 둘러싼 정체성의 균열은 오늘날 정치에도 영향을 끼친다. 북한은 우리인가 아니면 타자인가?
　대한민국 헌법 제3조는 "대한민국의 영토는 한반도와 그 부속도서로 한다."라고 규정한다. 헌법은 대한민국만이 '한반도 유일 합법 정부'라고 말한다. 북한은 여전히 한국의 주권 지역을 점령한 '반국가단체'다. 남한과 북한의 관계는 이러한 헌법적 질서 아래에서 단지 통일을 지향하는 단계에서의 '잠정적인 특수 관계'('남북기본합의서'와 '남북관계발전법')일 뿐이며 국가 간 관계라고 할 수 없다. 그런 점에서 북한 주민은 헌법적으로 대한민국 국민에 속한다.

현실은 이와 다르다. 1991년 남한과 북한은 동시에 UN에 가입하면서 회원국이 되었다. 또한 북한 주민이 남한으로 왕래하려면 '남북교류협력법'에 따라 통일부 장관의 승인을 받아야 한다. 그런 점에서 북한 주민을 '잠재적인 국민'으로 보는 시각도 있는 것 같다.

2019년 정부는 탈북 어민 두 명이 밝힌 귀순 의사가 진정성이 없다고 판단해 북으로 송환했다. 이 결정은 이후 정권 교체와 맞물리면서 극심한 논란거리가 되었다. 관련자 조사에서 탈북 어민들은 같은 배에 타고 있던 동료들을 살해하고 남하를 시도했다고 진술해 범죄 혐의를 받고 있었는데, 정부는 '국민의 생명과 안전'을 위해 이러한 중대 범죄자의 귀순을 허용하지 않았다. 이들을 일반적인 탈북민과 구별하고자 했던 것이다. 두 사람은 국민의 지위도 난민의 지위도 부여받지 못한 채 북한으로 돌아가 처형된 것으로 알려졌다. 이 결정에 문제가 있다고 여기는 사람들의 근거는 역시 헌법이며 대법원도 북한 주민에 대해 대한민국 국적을 광범위하게 인정하고 있다.

이 사건은 북한을 바라보는 두 가지 엇갈린 시

각을 보여 주는 동시에 대한민국의 기원으로부터 파생된 국민과 비국민의 경계를 둘러싼 문제를 드러낸다. 남한과 북한이 국가 간 관계가 아니기 때문에 북한 주민의 지위는 미국에서 이민자가 지닌 것보다 훨씬 정치적인 성격을 띤다고도 할 수 있다. 이 경우 법보다도 정치적 결정이 쟁점이 된다. 단순히 국경을 통제하느냐 마느냐의 문제를 넘어 우리가 누구인지에 대한 근본적인 질문이 제기된다.

대한민국 국민의 경계를 둘러싼 문제가 헌법의 영토조항에서 비롯된다는 사실도 생각해 볼 문제다. 난민 같은 비국민에게 국경의 장벽을 높이기 위해서는 경계가 명확한 영토가 전제되어야 한다. 하지만 한국의 영토를 둘러싼 현실과 규범은 일치하지 않는다. 이러한 불일치는 내부에서 국민과 비국민의 경계에도 영향을 끼친다. 분명한 영토적 경계는 국민의 경계를 법적이고 물리적인 방식으로 드러냄으로써 안과 밖을 구별한다. 영토적 경계가 분명하지 않을 때는 경계선을 긋기 위한 정치가 우리 안에서 활성화된다. 한국 정치에서 언제나 쟁점이 되는 친북과 친일의 문제가 단적인 사례다.

## 확정되지 않은 경계의 가능성

이와 같은 정체성의 균열이 시사하는 바는 무엇일까? 민족과 국민의 불일치라는 대한민국의 역사적 기원은 민주적 경계 문제가 한국 정치의 기본값이라는 점을 보여 준다. 그리고 그 사실은 역설적으로 민주주의의 이상을 본질적으로 추구할 가능성을 열어 준다. 이러한 역사적 사실들을 인민의 정체성을 둘러싼 민주적 경계의 문제로 인식할 수 있다면 말이다.

7장에서 루소의 역설을 풀기 위해 자연상태로 돌아갔듯이 자연상태를 상상하는 것은 민주적 경계의 문제를 해결할 하나의 대안을 제공해 준다. 자연상태의 사람들은 무기를 내려놓고 공동의 권위를 창설하겠다는 의지를 피력하면서 정체성을 획득하고 경계를 설정한다. 그 과정에서 사람들은 자유롭게 무기를 들 권리를 공동의 권위에 양도하는 데 동의한다. 이때 동의는 국가의 위력이 시민들의 자유를 제한할 민주적 정당성을 뒷받침하는 원리다. 우리는 동의한 바대로 국가의 강제력을 받아들인다.

그렇다고 국경선에 자연상태라는 푯말을 세워두고 이쪽과 저쪽을 오가는 사람들의 동의 여부를 일일이 확인할 수는 없는 노릇이다. 국경을 둘러싼 문제들이 그로부터 영향을 받는 모든 사람들의 합의로 결정되어야 한다는 이야기가 아니다. 민주주의라는 이름으로 국경을 통제하는 것이 충분히 정당하지 않다는 사실이 핵심이다. 이것은 11장에서 위력과 동의의 관계를 살펴본 것처럼 현실과 규범을 구별해 새로운 규범으로 현실을 만들어 나가는 방식이다.

민주주의는 분명 독립된 공동체의 자결을 의미한다는 점에서 경계의 이론이지만 그 경계는 닫혀 있지 않다. 우리의 경계가 언제나 불확정적이라는 사실을 받아들이는 것이야말로 민주주의자가 되는 첫걸음이다. 사람들은 자연과 사회의 경계를 가로지르며 시민이 된다. 국경 통제가 민주적으로 정당성을 얻으려면 그러한 강제력에 영향을 받는 사람들의 동의가 필요하다.

트럼프 당선 이후 불안을 느낀 것은 불법 이민자들만은 아니었다. 많은 합법적 이민자들은 자신들의 지위가 위태롭다고 느꼈고 가족의 안전을 위해 시민권을 획득하고자 했다. 새롭게 시민권을 획득한 사람들의 선서를 돕는 자리에서 당시 대법관 루스 베이더 긴즈버그는 다음과 같이 미국 헌정사를 표현했다.

헌법은 "우리, 미국 인민은"에 이어지는 조문을 통해 더욱 완벽한 화합을 위한 포부를 제시합니다. 우린 노예제를 종식하고 인종 차별을 철폐하였으며 남성과 여성에게 동등한 시민 지위를 부여함으로써 우리의 국시를 더욱 선명하게 했습니다. '에 플루리부스 우눔(E PLURIBUS UNUM), 여럿으로 이루어진 하나'.[6]

오늘날 미국 사회에서 '여럿으로 이루어진 하나'라는 모토는 '우리는 신을 믿는다(IN GOD WE TRUST)'라는 또 다른 모토와 긴장 속에 놓여 있다. 후자는 하나의 신을 믿음으로써 국가를 유지한다는 신조라고 할 수 있겠다. 이 모토는 남북전쟁 상황에서 처음 등장했다가 1956년 이후로 미국의 공식적인 모토로 화폐에 새겨져 있다. 미국 정치가 양극단의 대결로 격화되면서 이 모토는 보수주의자들의 이상을 대변하는 데 활용되기도 했다.

6    넷플릭스 오리지널 다큐멘터리 「시민권 프로젝트: 이민자 이야기」.

그 반대편에 '여럿으로 이루어진 하나'가 있다. 이 대립 구도에서 나온 긴즈버그 대법관의 발언 역시 격화된 미국 당파정치의 산물일지 모른다. '여럿으로 이루어진 하나'라는 모토는 사실 13개 주로 이루어진 초기 미연방의 정신을 기리기 위해 고안되었다. 같은 모토가 이제는 인종과 성별, 문화적 차별을 극복하고 하나의 공화국을 만들어 가는 미국 헌정의 이야기로 재해석된 것이다.

대법관 긴즈버그는 실제로 '어떤 주 정부도 관할 구역 내 사람에게 동등한 법의 보호를 거부해서는 안 된다'는 평등 보호 조항(미국 수정헌법 14조)을 활용해 미국 사회에서 시민권 확장을 이끌었다. 그는 인종차별을 금지하기 위해 제정된 이 조항의 '사람' 개념을 재해석해 성평등을 옹호했다. 긴즈버그 대법관은 상원 인준 청문회에서 자신의 헌법관을 이렇게 설명했다.

지금 와서 돌아보면, 독립선언 시절의 성취에는 여러모로 한계가 있었던 것이 사실입니다. 당시 '우리 인민'은 오늘날의 인민과 달랐습니다. 그 문제에 대해 가장 유려하게 말한 분은 서굿 마셜 대법관이었습니다. …… 그러나 그는 이 헌법의 진정한 미덕은 해석, 헌법 수정, 국회를 통과한 법을 통해 '우리 인민'의 범위가 지속적으로 커지게 한다는 점이라고 했습니다. 여기에는 한때 족쇄를 찼던 사람들도 포함됩니다. 처음에는 정치계에서 배제되었던 여성도 포함됩니다.[7]

헌법학자들은 이러한 관점을 '원의주의'와 반대되는 의미에서 '살아 있는 헌법(living constitution)'이라고 부른다. 인민의 경계가 불확정적이라는 사실은 법의 한계를 드러낸다. 법이 제정자의 확정적인 의도 속에서 구현되어야 한다는 의미에서 그렇다. 살아 있는 헌법의 관점에 따르면 법은 제정자의 의도가 아니라 오늘날 사람들의 관점에서 해석되어야 한다. 그런 점에서 법은 인민의 불확정적인 경계 속에서 한계를 드러내기보다 가능성을 보여 준다.

『시민론』의 홉스는 인민이 통치권을 한시적 군주(정부)에 위임하더라도 다시 깨어나 자신들의 회합인 민주정을 열 수 있다고 주장했다. 바로 그와 같은 회합을 통해 인민은 다시 획정된다고

---

7    1993년 7월 20일 상원 인준 청문회 발언, 루스 베이더 긴즈버그, 이나경 옮김, 『긴즈버그의 차별 정의』(블랙피쉬, 2021), 124쪽에서 재인용.

도 말할 수 있다. 이런 홉스의 관점은 한 세대에게
는 한 세대의 헌법만이 유효하다고 보았던 토마스
제퍼슨의 주장과도 연결된다. 새로운 세대에 맞는
약속을 갱신하는 일은 바로 헌법의 저자인 인민의
정체성이 언제나 불분명하다는 사실로 정당화된
다. 갱신은 더 많은 사람들이 자연과 사회의 경계
속에서 정치적 계기를 필요로 할 때 어쩌면 점진
적으로, 또 어쩌면 혁신적으로 이루어질 것이다.

### 우리는 누구인가?

국경 통제의 문제는 우리가 누구인지에 대한 보다
근원적인 성찰을 요구한다. 친구와 적을 구별하는
슈미트식 정치에서 국경 통제는 대리-주권자의 독
단적 결정 사항이 된다. 이때 우리의 정치적 정체성
은 국가의 경계 안에서 형성된다.

그런데 현실에서 과연 '우리'는 국민과 일치할
까? 출판편집자 박동수는 국민과 정치적 정체성을
동일시하는 관점이 근대 인문 정신의 특징이라고
비판적으로 논의한다.[8] 아즈마 히로키의 『관광객의

---

8    박동수, 『철학책 독서 모임』(민음사, 2022), 54~71쪽.

철학』이 제시하듯, 낯선 곳을 '책임 없이' 돌아다니는 관광객이야말로 국경 통제와 불화하는 가장 부드러운 상징이지 않은가. 여기에서 문제가 되는 대립 구도는 정치와 경제, 또는 내셔널리즘과 글로벌리즘이다. 국제관계 속에 근대국가가 완전히 정착된 시대의 산물인 슈미트와 아렌트의 정치철학은 분명 정치와 국가를 일치시키면서 경제를 배제하는 경향이 있다. 아렌트의 경우 마르크스주의와 대결 속에서 자신의 정치 개념을 이론화했고, 슈미트는 자유주의가 정치를 은폐하는 논리라고 비판했다.

이와 달리 근대국가를 형성되고 있던 시대의 정치철학이 전제하는 인간상은 훨씬 복잡했다. 사회계약론의 일부이기도 한 17세기 근대 자연법사상은 인간이 경제적인지, 정치적인지, 도덕적인지, 사회적인지에 대한 저마다 다양한 입장을 개진했다.[9] 그 가운데 홉스가 시도한 것은 인간이 본성상 정치적인 존재라는 아리스토텔레스의 가정을 무너뜨리는 것이었다. 아리스토텔레스는『정치학』에서 인간을 본성적으로 함께 모여 도시(폴리스)를

---

9    Robin Douglass, *Rousseau and Hobbes: Nature, Free will, and the Passions*(Oxford University Press, 2015).

이루는 정치적인 존재로 규정했으며, 국가를 사람들의 행위의 산물이 아닌 자연의 산물로 이해했다. 국가는 본성상 개인보다 우선하며 자체의 목적을 지닌다.[10] 여기에 반기를 든 홉스의 사상을 통해 비로소 인간이 스스로 만든 행위의 결과가 된다는 철학이 가능해졌다. 이러한 맥락에서 정치적인 것이란 인간의 본성이나 국가를 지탱하는 관념이 아니라, 인간의 창조적 능력과 그 행위 가능성을 지칭하는 말이 된다. 우리의 모습은 우리의 행위 속에서 계속 변화한다.

정치적 존재야말로 진정으로 성숙한 인간이라는 말이 아니다. 홉스는 전쟁이 났을 때 자기보존

---

10    Aristotle, trans. T. A. Sinclair, *The Politics*(Penguin Books, 1992), pp.53~61. 이처럼 아리스토텔레스와 홉스가 전혀 다른 방식으로 정치를 이해한 데 중요한 역할을 한 것은 언어의 문제다. 어쩌면 대화의 문제라고 번역해도 좋겠다. 두 사상가는 공통적으로 인간의 고유한 특징으로 언어를 꼽으면서 언어를 통해 무엇이 옳은지를 구별하는 능력을 이야기했지만 분명한 차이가 있었다. 아리스토텔레스는 언어를 통해 우리가 국가와 가정을 이루는 공통의 의견을 가질 수 있다고 본 반면, 홉스는 우리가 자연상태에서는 언어를 통해 도덕적 합의에 이루는 데 실패한다고 결론을 내린다. 당신은 옆에 있는 사람과 대화를 통해 무엇이 옳고 선한지에 대한 궁극적인 결론에 이를 수 있는가? 이 질문에 대한 답이 정치를 이해하는 근본적인 방식을 결정할 것이다.

가능성이 불확실해진다면 군인도 전장을 이탈할 수 있다고 봤다. 슈미트 같은 진지한 국가주의자나 아렌트 같은 숭고한 공화주의자들에게는 들을 수 없는 인간적인 말이다.[11] 우리는 우리의 안위를 위해 언제든 자연상태로 도망갈 수 있는 합리적인 존재다. 또한 우리는 자연상태를 벗어나 정치적 세계를 만들기로 합의할 수 있는 반성적 존재이기도 하다.

## 다시 쓰는 우리의 기원

나는 이러한 방식으로 우리의 정체성을 이해할 때 정치와 헌법의 의미도 달라질 수 있다고 믿는다. 11장에서 언급한 것처럼 대한민국은 그 기원의 불명료함으로 인해 경계가 불확정적인 민주주의에 부합하는 묘한 역사성을 지니고 있다. 우리는 '건국의 아버지들'을 만드는 작업에 언제나 실패하는

---

11  물론 홉스는 도망간 군인에 대해서 국가가 처벌해야 한다고 주장하기도 했다. 홉스의 정치학이 지닌 아이러니가 여기에 있다. 홉스 연구자이자 정치학자인 데이비드 런시먼은 이러한 홉스 정치학의 특징을 이르러 이렇게 말한 바 있다. "당신은 도망갈 수 있다. 홉스는 분명히 당신에게 도망갈 권리가 있다고 말하기도 했다. 하지만 당신은 숨을 수는 없다." David Runciman, *Confronting Leviathan* (Profile Books, 2022), p.17.

나라이며, 헌법에서 건국자들의 의도를 읽어 내는 시도 역시 쉽지 않다. 한국의 국시는 오랫동안 '반공(反共)'이었으며 헌정은 반공의 관점에서 이해되어 왔다. 이런 의미에서 한국 정치는 오래도록 절대군주(들)의 산물이었다. '반공'은 절대군주와 짝을 이루는 공포정의 표어다.

절대군주로부터 민주정을 되찾았을 때 안전과 자유와 행복이라는 약속은 실현되었을까? 오히려 적대적 정치가 한국 정치를 내전상태로 만들고 절대군주(들)의 무대를 마련해 주고 있지 않을까? 한국 정치는 뒤섞여도 분간하기 어려운 쌍둥이 형제 사이의 고독한 내전상태이며, 같은 신조를 믿는 정치적 집단 안에서도 내전은 일상적이다. 정치인들은 자신의 정치적 생명을 유지하기 위해 국민이 아니라 공천권을 쥔 사람 앞에 줄을 선다. 내전이 없는 곳에는 민주주의가 아니라 절대군주(들)이 있다.

한국 민주주의를 리바이어던의 논리에서 구출해 시민적 정치로 되돌려 세우기 위해서는 상대 진영에 대한 공포와 적대를 내려놓고 다시 개인으로 돌아가는 데서 시작해야 한다. 적대하는 진영의 권위자에 대한 공포에 눌려 우리 진영의 문제에 눈감지 않고, 여성이든 난민이든 북한 주민이든 '우리'

의 경계와 약속에 문제를 제기하는 이들의 '아니오'에 귀를 기울이자. 그때 나의 '아니오' 역시 '우리'를 다시 쓰는 일이 될 수 있다.

　다시 개인으로 돌아와 아슬아슬한 약속을 맺는 일이야말로 반복되는 적대가 불러온 무기력에서 탈출하는 길이다. 개인으로 돌아가자는 구호는 각자가 자신의 삶을 개척하는 신자유주의의 신조로 회귀하자는 의미가 아니다. 개인들은 불완전한 존재다. 우리는 불완전한 존재이기 때문에 공동의 정체성을 만들 결심을 할 때 정치적 존재가 된다. 그렇게 도달한 시민적 상태 역시 잠정적이다. 우리가 두려워해야 할 것은 군주가 아니라 우리의 전(前)시민적 상태다. '우리'는 고정되고 닫힌 정체성이 아니라 경계 없이 열린 상태라는 사실을 받아들이자.

# 13장

# 어린이를 동료 시민으로 맞이하기

제8회 전국동시지방선거 투표일 오전, 나는 일찍 사전투표를 마치고 본가로 향하는 열차에 올랐다. 투표일이 법정공휴일이었기 때문인지 열차는 승객들로 가득했다.

열차가 출발하는데 갑자기 어디에선가 잔잔한 음악소리가 들렸다. 한 문화시민이 문명의 산물인 이어폰을 끼지 않은 채 동영상을 시청 중이었다. 이런 상황에 직면할 때마다 나는 동료 시민에게 곧장 항의하지 못하고 큰 인내심을 가지고 기다리는 쪽을 택한다. 누구에게나 잠깐의 실수는 있는 법. 동영상을 보는 문화시민을 어떻게 처리할까 한참을 고민하던 차에 내 앞자리에 앉은 또 다른 문화시민이 좌석에서 큰 소리로 통화를 시작했다. 궁금하지 않은 그의 사생활에 고스란히 노출된 나는 동영상을 보고 있는 문화시민에게 말을 걸 전의를 상실했다.

이 글을 읽고 있는 문화시민들은 잘 알지도 모르겠으나, 이 두 가지 행동은 열차가 출발하기 전 안내 방송에서 주의를 주는 대표적인 것들이다. 선거는 민주주의의 꽃이라고 했건만 나는 꽃 같은 날에 저들과 같이 동일한 한 표를 행사하고 있다는 사실에 자괴감을 느끼면서 "시민으로서 의무는 제대로 다했습니까?"라고 묻지 못했다.

나처럼 인내심이 강한 사람이 있는 반면 정의감에 불타는 문화시민들도 있는 듯하다. 2022년 8월 고속열차를 타고 가던 30대 남성이 아이들이 떠든다는 이유로 객차 안에서 난동을 피웠다. 같은 객실에는 유치원생 아동 두 명과 아이들의 보호자인 엄마가 있었다. 해당 남성은 소란을 피우다 급기야 좌석에 올라가 발차기를 감행했다고 한다. 같은 날 국내선 항공기에서도 유사한 사건이 일어났다. 40대 남성 승객이 이륙 후 옆자리 아기가 울자 보호자인 부모와 한차례 실랑이 후 난동을 부렸다. 이 문화시민은 아기의 부모에게 폭언을 했다고 전해진다.[1]

내가 겪은 객실 안 소음과 이 사건에서 다른 시민들이 겪었던 소음의 차이는 무엇일까? 물론 대답은 간단하다. 내가 겪은 소음 유발자들은 다 투표권을 가지고 있는 온전한 성인이었으며, 기사 속 사건들의 소음은 미성년 아동들이 일으킨 것이었다. 오늘날 우리 사회가 아이들이 만들어 내는 소음에 더 인색해지기는 했지만, 성인들은 대개 아기 울음소리가 견디기 힘들더라도 기내에서 난동을 부리지 않고 아이들이 아무리 떠들어도 발차기를 하지 않는다. 아이들에게는 유보된 시간이 있을 것이라는 기대가 아이들에 대해 어른과는 다른 잣대를 세우는 것이다. 다르게 말하자면 아이들은 교육과 계몽의 대상이라고 할 수 있기 때문이다.

## 자율과 보호의
## 경계 위에 있는 아이들

개인의 인권과 권리가 강조되는 사회일수록 문화시민이 되지 못한 어른들을 다시 교육하는 문제는 난관에 봉착하기 마련이다. 문화시민에게 조용히 다가가 당신의 이런저런 행동은 시민답지 못하니

---

1 정시내, 「"애들 ×× 시끄러워" KTX 난동남…… 말리는 승객엔 발차기 날렸다」, 《중앙일보》, 2022년 8월 16일 21:.

내가 잠깐 교육을 해 주겠소라고 한다면? 분명 자연상태를 맞이할 것이다. 다른 한편 아이들을 좋은 시민으로 길러 내는 일에 대해서는 오히려 문제의식이 적어 보인다. 기차 안에서 큰 소리를 낸 어린이들은 공공장소에서 왜 정숙해야 하는지에 대한 설명보다 '조용히 하라'는 부모의 다급한 외침을 먼저 듣게 된다. 나는 이 두 현상이 긴밀히 연결되어 있다고 생각한다. 우리가 아이들을 그저 보호나 계몽의 대상으로 여기는 사고방식에 젖어 있다면 그 결과는 더 이상 계몽되지 못하는 시민들의 민주주의일지도 모른다.

　미성년 아이들도 국민이다. 하지만 어른들이 동의를 통해 하나의 결사체를 만들 때 미성년 아이들은 배제된다. 자율적인 사람만이 동의하고 그 동의에 책임을 질 수 있기 때문이다. 아이들은 자신의 안전을 온전히 지킬 정신적, 물리적, 경제적 능력이 부족하다. 그렇다면 아이들이 보호의 대상이라는 주장에도 일리가 있다.

　이런 보호의 논리가 극단에 치달은 경우를 우리는 끔찍한 사례들을 통해 목격한다. 바로 '동반자살' 또는 '살해 후 자살'이다. 경제적인 곤란이나 신변의 비관을 이유로 보호자인 부모가 자신의 자녀들을 먼저 죽인 후에 자신도 생을 마감하는 이 현상을 어떻게 부를지에 따라 우리의 사회계약을 이해하는 방식도 달라질 수 있다.

자연상태에서 부모는 자녀의 주권자다. 부모는 힘으로 자녀를 보호할 수 있고 자녀의 생존은 부모에게 의존할 수밖에 없기 때문이다. 많은 경우 부모가 최종 보호자이므로 학교나 사회가 사적 공간을 침범하기도 쉽지 않다. 우리가 이 상황을 '동반자살'로 부른다면 자녀를 보호한다는 명분으로 부모가 자녀의 인격을 소유하는 것이 정당하다는 이야기가 된다. 동아시아 문화권에서 특히 빈번한 '동반자살' 또는 '살해 후 자살'은 일견 문화적 영향으로 보이기도 한다.

하지만 그 이면에는 사회계약이 은폐하고 있는 암울한 장면이 있다. 보호자가 자신의 생명을 빼앗으려고 할 때 아이들은 어떻게 스스로를 방어할 수 있을까? 아이들이 결국 자신의 부모로부터 자신의 목숨을 지키지 못하는 상황은 실로 가장 비극적인 형태의 자연상태다.

그렇다면 반대로 아이들의 자율성을 최대로 인정해 보면 어떨까? 미성년 아이들에게도 성적 자기결정권이 있다고 주장하는 사람들이 있다.

2017년 한 성인 남성은 15세 피해자와 성관계를 하던 중 피해자가 그만하자고 했는데도 계속 성관계를 해 성적 학대 행위를 한 혐의로 기소됐다. 이 사건의 원심인 고등군사법원은 '15세는 성적 자기결정권을 행사할 수 있는 나이'라는 이유로 이 사건이 '성적 학대'에 해당하지 않는다고 판시했다.[2]

2020년 대법원은 이 판결을 파기하면서 아동·청소년은 특별히 보호돼야 하는 존재이기 때문에 성적 자기결정권을 제대로 행사할 수 있을 정도의 성적 가치관과 판단능력을 갖췄는지 구체적으로 살펴봐야 한다고 적시했다. 보호의 대상인 한 아이들의 자율성은 어느 정도 제한된다는 것이다. 이런 사건들을 접하다 보면 미성년 아이들에게 온전한 동의의 능력이 있다고 말하는 사람들을 의심스러운 눈으로 쳐다보게 된다.

2    이혜리, 「'15세는 성적 자기결정권' 가능해 성적학대 아니다?……대법 '유죄'」, 《경향신문》, 2020년 1월 22일. 형법에서는 13세 미만 아동에 대한 간음과 추행 행위를 협박이나 폭행이 없었다 해도 처벌하고 있다.

# 변태하는 정치적 존재

아이들은 국민이지만 자율과 보호의 경계 위에 있다. 아이들은 동의할 수 있지만 대개 그 동의는 사회적으로 온전한 동의로 간주되지 않는다. 미성년은 보호자의 동의가 필요한 존재다.

하지만 성년이 된다고 이야기가 크게 달라지지는 않는 것 같다. 코로나19 바이러스가 출몰할 때 곳곳에서 벌어진 실랑이들을 생각하면 성인이 진정으로 자율적인 존재인지 의심스럽다. 감염병이 지속되는 가운데 마스크를 가장 충실하게 쓴 것은 아이들이었을 것이다. 나는 열차에서 문화시민들을 겪을 때만큼이나 노란 버스에서 마스크를 한 아이들이 줄줄이 내리는 것을 보면서 민주주의를 생각한다.

김소영의 『어린이라는 세계』는 어른과 아이가 별반 다르지 않다는 소박한 진실을 알려 준다. 아이들이 글자를 익힐 때의 경험과 우리가 성인이 되어서 외국어를 익힐 때의 경험을 겹쳐 보여 주는 대목에서는 어른과 아이의 차이가 단지 선후배의 차이 정도로 느껴진다. 아이는 늘 변화하고 성장하는 존재라는 점에서 변화와 성장이 멈췄다고 느끼는 성인들보다 오히려 더 정치적인 존재인 것 같다. "어린이는 부모로부터 받은 것과 스스로 구한 것, 타고난 것과 나중에 얻은 것, 인식했거나 모르고 지나간 경험이 뒤섞인 존재다. 어른이 그렇듯이."[3]

우리가 정치적 존재라는 사실은 일정한 변태를 수반하는 일이다. 그리고 인민이 불확실한 경계를 지니는 한, 인민의 일부가 됨으로써 정치적 존재가 되는 우리는 언제나 변화의 과정에 있다. 성인도 아이들과 마찬가지로 어떤 경계 위를 오가는 존재다.

더 넓게는 국가 역시 마찬가지다. 한국이 조선이던 1876년 일본은 강화도조약을 체결하면서 한국을 국제사회에 강제로 편입시켰다. 그 첫 조항은 "조선국은 자주 국가로서 일본국과 평등한 권리를 보유한다."라는 것이었다. 자주 국가, 얼마나 멋진 말인가. 자주 국가이기 때문에 조선은 스스로 결정하고 동의할 수 있는 법적인 능력을 지니고 있다. 하지만 19세기 말 국제질서의 현실을 감당할 수 있는 능력이 없었던 조선에게 자주는 착취를 위한 미사여구에 지나지 않았다.

---

3    김소영, 『어린이라는 세계』(사계절, 2020), 90쪽.

일본은 한반도의 지배권을 확립하자마자 조선을 보호국으로 삼았다. 1905년에 체결된 을사조약은 대한제국의 외교권을 박탈하면서 "한국이 실지로 부강해졌다고 인정할 때까지"라는 단서를 붙여두었다. 이때 보호는 지배를 위한 사전 정지였다. 실로 근대적 주권을 신성시하는 북한은 조선을 반면교사 삼아 이렇게 말한다. "우리의 변화를 기대하지 마라."

## 시민과 교육의 관계

자율을 추구하면서도 계몽의 대상이 될 수밖에 없다는 점에서 어른과 아이, 국가와 시민은 정치적 존재로서 비슷한 상황에 처해 있다. 하지만 자율과 계몽의 경계 위에 정치적 존재들을 불러들일 때 정치적 후견주의의 문제가 생기는 것은 아닐까?

루소가 정식화한 것처럼 "제도의 결과인 사회 정신이 제도 자체를 앞장서서 이끌어야 하며 법에 의해 변화되어야 할 인간이 법이 있기 전에 그렇게 되어 있이야" 한다면 성인인 시민도 아이처럼 후견과 계몽이 필요한 것은 아닐까? 이 문제의 다른 버전은 이렇다. 좋은 시민이 좋은 정부를 만드는가,

아니면 좋은 정부가 좋은 시민을 만드는가? 루소는 우리가 우선 좋은 시민이 되어야 한다고 생각했기 때문에 정치에 교육(입법자와 시민종교)을 도입한다. 하지만 후견자 없는 변화를 기대할 수 없을까?

내가 줄곧 루소의 맞은편에 세우는 홉스 역시 시민교육에 대해서 말했다. 홉스의 정치철학에서 시민교육의 가능성은 강력한 리바이어던이 시민과 맺는 관계에 있다.

> 인간은 평화를 획득하고 생명을 보존하기 위해 코먼웰스라는 인공 인간을 만들었으며, 또한 '시민법'이라는 인공적 사슬도 만들었다. 그리고 그들 자신의 상호 신의계약에 의해 사슬의 한쪽 끝은 주권을 지니게 된 한 사람 혹은 합의체의 입에 연결하고, 또 한쪽 끝은 그들 자신의 귀에 연결하였다. 이 족쇄는 그 자체로는 약하다. 그럼에도 불구하고 유지되는 이유는 끊기가 어려워서가 아니라 (사슬을 끊었을 때 생기는) 위험 때문이다.[4]

홉스의 정치철학에서 법은 명령이며 이것은

---

4    토마스 홉스, 『리바이어던 1』, 282쪽.

주권자의 의지가 "음성이나 문서 및 기타 충분한 증거에 의해서 선언되거나 명시된 것"이다. 홉스는 객관적인 증거를 확인할 수 없는 기적의 자리에 법을 두었다.(이러한 논리의 극단에 이르러 홉스는 무엇이 기적인지 결정하는 것조차 주권자의 권리라고 주장했다.) 하지만 인용한 구절에서 법은 리바이어던과 시민을 연결하는 '약한' 족쇄로 묘사된다. 리바이어던은 절대적인 공동의 힘을 지니고 있음에도 불구하고 왜 그 연결고리는 약할까?

홉스가 종교적 믿음의 문제를 다룬 방식에서 단서를 얻을 수 있다. 홉스는 말로 고백하는 믿음과 실제 내면의 신앙이 구별된다고 지적했다. "믿고 안 믿고는 결코 인간의 명령에 따라 달라질 일이 아니기"[5] 때문이다. 겉으로 고백하는 신앙은 정치적 주권자가 명령한 법에 복종한다는 뜻을 표현할 뿐이다. 공적인 영역과 사적인 영역에 대응하는 것처럼 보이는 이러한 구분은 리바이어던이 의외로 취약한 지반 위에 놓여 있다는 사실을 암시한다. 그래서 『리바이어던』을 읽던 슈미트는 이 요소가 리바이어던을 내부로부터 파괴시킬 수 있는 죽

5    토마스 홉스, 『리바이어던 2』, 184쪽.

음의 씨앗이라고 보았던 것이다.[6] 리바이어던의 힘은 그저 행사되고 습관적으로 복종되는 것이 아니라 특정한 효과를 만들어 내는 믿음에 기초한다.

## 시민이 되어 가기

사람들은 정부를 만들어 낼 수 있다. 그리고 정부가 시민들을 잘 교육하면 좋은 시민이 되며 그것이 바로 좋은 정부다.

> 주권자의 본질적 권리에 대하여 그 근거 및 이유를 인민들에게 알리지 않거나, 혹은 잘못 알도록 방치하는 것도 주권자의 의무에 위배되는 일이다. …… 그리고 이러한 권리의 근거에 대해 열심히 그리고 진실하게 가르칠 필요가 있다. 왜냐하면 그것은 어떤 시민법에 의해서도, 또한 법적 처벌의 위협에 의해서도 주장될 수 없기 때문이다. 반란을 금지하는 시민법, 시민법에 의해 의무가 되는 것이 아니라, 배신을 금지하고 있는 자연법에 의해 의무가 된다.

6　Carl Schmitt, *The Leviathan in the State Theory of Thomas Hobbes*(University of Chicago Press, 1996), p.57.

사람들이 자연적 의무를 모른다면, 그들은 주권자가 제정하는 법의 권리도 알 수 없게 된다.[7]


여기에서 우리는 자연과 사회의 구별을 다시 만나게 된다. 시민교육은 결국 자연상태에서 우리의 이성이 알려 주는 도덕적 기준들을 사회에서 되새기는 일이다. 여기에서 홉스는 근대적 인간의 내면과 외면을 분리함으로써 리바이어던이 우리의 양심에 기초할 수밖에 없다는 전망을 제시한다. 양심이라니. 다 큰 성인에 대한 시민교육의 가능성은 바로 인간이 정치적 존재로서 언제나 자연과 사회의 경계에서 법의 권위를 의심하거나, 법을 어길 수 있는 미완성의 시민이라는 사실에 있다.

이러한 시민교육의 가능성은 아이들에 대한 홉스의 인식도 거꾸로 세울 수 있다. 홉스적 세계에서 어린아이들은 지능이 낮거나 미친 사람들과 마찬가지로 이성을 제대로 활용할 수 없다. 그들은 보호자나 후견인을 필요로 한다. 하지만 다른 한편 홉스는 부권적 지배 형태를 설명하면서 자녀에 대한

---

7  토마스 홉스, 『리바이어던 1』, 431~432쪽.

부모의 지배권이 단지 출생에서 비롯된 것이 아니라 자녀의 동의에서 발생한다고 지적했다. 자녀의 동의라니. 가히 사회계약론의 최종 보스라 할 만하다! 자녀에 대한 부모의 권리 역시 계약의 산물이다. 가족이 하나의 인공적 결사체라면 부모와 자녀의 관계 역시 자연과 사회의 경계 위를 오간다고 할 수 있다.(물론 자연상태에서 아이들이 보호를 필요로 하는 절대적인 상황, 예를 들어 갓난아이의 경우 동의는 보호라는 형식 자체에 이미 전제된다는 점을 기억하자.)

리바이어던과 개별 시민들이 약한 고리로 연결되어 있다면, 부모와 자녀의 관계 역시 마찬가지다. 아이들 역시 모든 정치적 존재들과 마찬가지로 교육과 보호의 대상임과 동시에 자율적이고 독립적인 존재다. 국가가 시민의 내면을 간섭할 수 없듯이 보호자 역시 아이들의 내면을 지배할 수 없다. 우리는 내면을 지니고 있는 한 자연과 사회를 오가며 온전한 정치적 존재가 되기 위해 애쓸 수밖에 없다. 아이들 역시 마찬가지다.

우리에게 필요한 시민교육은 '선'에 근거하는 어떤 도덕적 내용은 아니다. 우리가 광범위한 도덕적 기준을 정치에 도입하려고 할 때면 정치적 후견주의는 불가피하다. 반대로 규범을 포기할 때 사회에서 자연상태가 도래하듯 아이들을 포함한 시민들의 내면도 무질서한 상태에 이를 것이다.

따라서 시민교육의 방식도 약속의 형태가 되어야 한다. 아이들에게도 약속의 힘이 있다는 것을 믿는다면 "이제는 형이니까", "너는 누나니까" 말을 잘 들으라거나, "무서운 아저씨가 혼낼 것이므로" 말을 잘 들으라고 아이들에게 요구할 수 없다. 오래된 도덕률이나 공포감이 아니라, 사실은 힘이 동등하지 않지만 그럼에도 동등한 방식으로 어른과 아이가 약속을 맺고 어기고 고쳐 나갈 수 있을 때 어린이도 어른도 함께 시민이 될 길이 열린다.

길에서 만나는 동료 시민들도 마찬가지다. 우리는 서로가 동등한 자격을 갖춘 정치적 존재가 될 수 있도록 돕고 교육할 의무가 있다. 그런 점에서 공공장소에서 맞닥뜨리는 동료 시민들의 비문화적인 행동은 그들이 시민 자격이 없다는 것을 보여 주는 사례는 아니다. 문명은 동등한 자격의 전제 조건이 아니다. 문명은 정치적 동등성의 결과이지 원인이 될 수는 없다. 장애인이나 성수수자들의 정치적 동등성을 인정하는 것처럼 지하철에서 만나는 광인들을 동료 시민으로 받아들이는 것이 민주주의다. 한편 스스로도 그러한 타인의 의무를 수용할 준비가 되어 있어야 한다. 우리가 된다는 것의 본질적인 의미는 바로 민주주의가 지닌 이 인간적 곤란함을 수용하는 것이다.

인간이 자연과 사회의 경계를 부유하는 존재임을 받아들일 때, 괴물 같은 힘으로 구성원에게 동일한 공포를 불러일으키는 리바이어던이 약화되는 것은 아니다. 오히려 경계에서 맺은 약속이 언제나 재검토의 대상이 될 수 있다는 점에서 '우리 인민'은 훨씬 견고해질 수 있다.

우리의 기원은 언제인가? 대한민국 헌법은 1919년에 우리가 탄생했다고 말했다가, 1948년 우리가 헌법을 만들었다고 선언한다. 가장 최근의 헌법이 우리에게 저자로서의 생명을 부여한다면 우리는 1987년 협약의 산물일까? 이런 역사 속 기원들은 우리의 약속들을 돌아볼 수 있는 장면들이기도 하지만, 우리가 동등하게 만난다는 민주주의의 기본적인 약속을 은폐하기도 한다. 우리의 진정한 기원은 이러한 장면들을 다시 되짚어 볼 수 있는 경계 위에 선 사람들이 약속을 지키고 어기며 새롭게 쓰는 과정 중에 있다. 그런 점에서 우리의 생일은 우리의 기원을 오늘로 소환할 수 있는 정치의 (재)창조적인 역량 가운데에 있다고 할 수 있다. '우리를 바꾸는 우리'야말로 바로 우리 자신의 기원이며, 약속으로서의 정치의 진짜 이야기다.

## 감사의 말

이 책은 인문잡지 《한편》 편집부로 보낸 한 편의 글에서 시작되었다. 내가 무턱대고 보낸 이메일에 신새벽 편집자의 답신이 왔던 날은 아직도 생생히 기억난다. 무명의 연구자에게 소중한 지면을 내준 그때의 만남은 평생 잊지 못할 것이다. 《한편》으로부터 탐구 시리즈로 이어진 내 여정의 실마리를 열어 주고 내내 함께 글을 읽어 준 신새벽 편집자에게 고마움을 전한다.

　그 여정이 쉽지만은 않았다. 연구자의 글쓰기가 익숙한 나에게 더 넓은 독자들과 이야기하는 것은 하나의 과제 같았다. 연구자의 정체성을 잃지 않으면서도 동시에 자기만의 경험에 집중하는 글을 쓸 수 있다고 응원해 준 이한솔 편집자 덕분에

이 과제를 조금은 쉽게 시작할 수 있었다. 글을 여러 번 고치는 과정에서 일어난 변화를 더욱 예민하게 느끼게 만들어 준 건 그 변화를 응원해 준 조은 편집자였다. 이 책을 쓰면서 만난 맹미선 편집자는 조금은 더 솔직한 내 모습을 이 책에 담을 수 있도록 자극해 주었다. 홀로 하던 연구를 누군가가 읽을 수 있는 글로 써 나가는 과정의 즐거움을 알게 해 준 편집자들에게 고마움을 전하고 싶다.

출간 전 독회에서 원고에 대해 좋은 의견을 준 전현우 선생님과 박진영 선생님에게도 큰 빚을 졌다. 이들과의 만남과 우정 속에서 나는 내가 애당초 쓸 수 있는 것보다도 더 많은 것을 쓸 수 있었다.

무엇보다 《한편》으로부터 탐구에 이르는 여정을 옆에서 함께해 준 김세영 편집자가 없었다면 책을 처음 쓰는 불안함을 떨치고 즐겁게 글을 쓸 수 없었을 것이다. 항상 조용하고도 정확한 말로 의견을 이야기해 준 김세영 편집자 덕분에 그의 말을 디딤돌 삼아 앞으로 나아갈 수 있었다. 김세영 편집자에게 특별히 감사드린다.

이 책의 초고를 읽고 소중한 의견을 준 황소희 선생님과 권현지 선생님에게도 고마움을 전하고 싶다. 정치사상을 주제로 이야기할 수 있는 친구가 되어 준 황소희 선생님과의 만남이 없었다면 루소가 지닌 중요성을 조금은 늦게 알았을 것이다. 권현지 선생님과의 만남으로 조금은 넓어진 독서의 세계도 이 책을 쓰는 데 큰 자양분이 되었다.

이 책의 출발점이 된 논문을 쓰는 데도 여러 선생님들의 도움이 있었다. 특히 홍콩시립대 김성문 선생님과 미국 미네소타 세인트클라우드 주립대학 김성학(Marie Seong-Hak Kim) 선생님은 작은 만남을 계기로 논문의 초고를 끝까지 읽어 주고 여러 조언을 해 주었다. 언제나 사표가 되어 주신 서울대 외교학과 박상섭 선생님의 따뜻한 격려가 없었다면 공부를 계속 이어 가지 못했을 것이다. 이번 기회로나마 감사함을 전해 드리고 싶다.

공부를 계속할 수 있었던 것은 무엇보다도 가족들의 사랑 덕분이다. 사상 연구자인 나더러 사상이야말로 동남아 음식에 들어가는 고수를 먹지 않는 사람들에게 고수 같은 것이라며 주의를 준 것도 가족이다. 우리집은 고수를 먹지 않는다. 사상을 공부하더라도 동시대 감수성을 가지라는 진영의 이런 지독한 사랑이 없었다면 나는 구체적인 땅에 발을 딛지 못하고 추상적인 세계를 그저 유영하며 지냈을 것이다.

이 책에 어린이에 대한 사유가 조금이라도 있

다면 그건 이제 만 4살의 시절을 통과하고 있는 조카와의 만남과 우정에서 비롯된 것이다. 이유 없이 삼촌을 사랑해 준 조카가 없었다면 나의 세계는 조금 더 빈약해졌을 것이다. 조카가 고수를 먹을 줄 아는 훌륭한 시민이 됐을 때 이 책에 담긴 삼촌의 격려와 사랑을 읽어 줬으면 좋겠다. 조카를 만나게 해 준 형과 형수에게도 고마움을 전한다.

보다 먼 이 책의 기원이 있다면 한국의 역사와 정치에 대한 아빠와의 오랜 대화다. 아빠는 책을 통한 우정이 가능하다는 것을 보여 준 나의 첫 친구였다. 아빠를 따라 서점에서 책을 고르는 방법을 익히며 자랐으니 오랜 대화의 결과인 이 책도 아빠에게 큰 기쁨이 되리라 믿는다.

이제는 손자를 돌보는 할머니가 된 엄마를 보며 나 자신도 다정한 돌봄의 결과였다는 사실을 새삼 깨닫고 있다. 그런 돌봄이 없었다면 지금처럼 세상을 따뜻하게 바라보지는 못했을 것이다. 엄마에게도 이 책이 작은 위로가 되면 좋겠다. 두 분의 사랑을 이어 나는 앞으로도 책을 읽고 글을 쓰고 누군가를 돌보며 살아갈 것이다. 이 책을 읽은 독자 여러분도 자신만의 외로운 세계를 지키며 누군가를 돌보는 삶을 살면 좋겠다.

# 참고 문헌

가브리엘 가르시아 마르케스, 조구호 옮김, 『백년의 고독』(민음사, 2000).

계승범, 「조선후기 대보단 친행 현황과 그 정치·문화적 함의」, 《역사와 현실》 제75호(한국역사연구회, 2010).

김민하, 『저쪽이 싫어서 투표하는 민주주의: 반대를 앞세워 손익을 셈하는 한국 정치』(이데아, 2022).

김상준, 『맹자의 땀 성왕의 피: 중층근대와 동아시아 유교문명』(아카넷, 2016).

김소영, 『어린이라는 세계』(사계절, 2020).

김자현, 주채영 옮김, 『임진전쟁과 민족의 탄생』(너머북스, 2019).

김초엽, 「오래된 협약」, 『방금 떠나온 세계』(한겨레출판, 2021).

루스 베이더 긴즈버그, 이나경 옮김, 『긴즈버그의 차별정의』(블랙피쉬, 2021).

루이 알튀세르, 황재민 옮김, 『루소 강의』(그린비, 2020).

리처드 턱, 조무원 옮김, 『홉스』(교유서가, 2020).

마거릿 캐노번, 김만권 옮김, 『인민』(그린비, 2015).

모니카 브리투 비에이라·데이비드 런시먼, 노시내 옮김, 『대표: 역사, 논리, 정치』(후마니타스. 2020).

밀레나 포포바, 함현주 옮김, 『성적 동의』(마티, 2020).

박동수, 『철학책 독서 모임』(민음사, 2022).

박상훈, 『청와대 정부: '민주 정부란 무엇인가'를 생각하다』(후마니타스, 2018).

박이대승, 『'개념' 없는 사회를 위한 강의: 변호를 위한 소수자의 정치전략』(오월의봄, 2017).

이탈로 칼비노, 이현경 옮김, 『존재하지 않는 기사』(민음사, 2014).

얀-베르너 뮐러, 권채령 옮김, 『민주주의 공부』(월북, 2022).

이토 사오리, 김수현 옮김, 『블랙박스』(미메시스, 2018).

임지현 외, 『우리 안의 파시즘 2.0: 내 편만 옳은 사회에서 민주주의는 가능한가?』(휴머니스트, 2022).

자크 데리다, 진태원 옮김, 『법의 힘』(문학과지성사, 2018).

장자크 루소, 김영욱 옮김, 『사회계약론』(후마니타스, 2018).

_____, 김중현 옮김, 『인간불평등기원론』(펭귄클래식, 2015).

조르조 아감벤, 조형준 옮김, 『내전: 스타시스, 정치의 패러다임』(새물결, 2017).

조무원, 「시에예스에서 다시 홉스로: 우리(들) 대한국민의 정치사상」,《개념과 소통》제29호(한림과학원, 2022).

_____, 「왕이 죽으면 어떻게 될까?」,《한편》6호 '권위'(민음사, 2021).

존 로크, 강정인·문지영 옮김, 『통치론』(까치, 1996).

존 롤스, 『정치적 자유주의』(동명사, 1998).

최징운, 『한국인의 탄생』(미지북스, 2013).

카를 슈미트, 김항 옮김, 『정치신학: 주권론에 관한 네 개의 장』(그린비, 2019).

_____, 김효전·정태호 옮김, 『정치적인 것의 개념』(살림, 2012).

캐럴 페이트먼·어리 린든 쉐인리, 이남석·이현애 옮김, 『페미니즘 정치사상사』(이후, 2004).

토마스 홉스, 이준호 옮김, 『시민론』(서광사, 2013).

_____, 진석용 옮김, 『리바이어던』(나남, 2012).

투키디데스, 천병희 옮김, 『펠로폰네소스 전쟁사』(도서출판 숲, 2011).

프랜시스 후쿠야마, 이수경 옮김, 『존중받지 못하는 자들을 위한 정치학』(한국경제신문, 2020).


Alan Apperley, "Hobbes On Democracy," *Politics* Vol.19 no.3(1999).

A.P. Martinich, *The Two Gods of Leviathan*(Cambridge: Cambridge University Press. 1992).

Aristotle, trans. T. A. Sinclair, *The Politics*(Penguin Books, 1992).

Bonnie Honig, "Declarations of independence: Arendt and Derrida on the problem of founding a republic," *American Political Science Review* Vol.85 no.1(1991).

Carl Schmitt, *The Leviathan in the State Theory of Thomas Hobbes*(University of Chicago(Press, 1996).

_____, trans. Ellen Kennedy, *The Crisis of Parliamentary Democracy*(The MIT Press, 1988).

C. B. Macpherson, *The Political Theory of Possessive Individualism: Hobbes to Locke*(Oxford University Press, 1962).

Christopher Holman, "That Democratic Ink Must Be Wiped Away: Hobbes and the Normativity of Democracy," *The Review of Politics* Vol.83 no.3(2021).

Chaihark Hahm & Sung Ho Kim, *Making We the People: Democratic Constitutional Founding in Postwar Japan and South Korea*(Cambridge University Press, 2015).

David Gauthier, *The Logic of Leviathan*(Oxford: Clarendon Press, 1977).

David Stasavage, "Representation and consent: why they arose in Europe and not elsewhere," *Annual Review of Political Science* Vol.19 no.1(2016).

David Runciman, *Confronting Leviathan*(Profile Books, 2022).

Eric Nelson, *The Royal Revolution: Monarchy and the American Founding*(The Belknap Press of Havard University Press, 2014).

Hannah Arendt, *On Revolution*(Penguin, 2006).

Jacques Derrida, "Declarations of independence," *New Political Science* Vol.7 no.1(1986).

JaHyun Kim Haboush, "Constructing the center: The ritual controversy and the search for a new identity in seventeenth-century Korea," *Culture and the State in late Chosŏn Korea* JaHyun Kim Haboush & Martina Deuchler (eds.)(Cambridge, MA: Harvard University Asia Center, 1999).

John Rawls, *The Law of the Peoples*(Harvard University Press, 1999).

Jürgen Habermas, "Constitutional democracy: A paradoxial union of contradictory Principles?" William Rehg trans., *Political Theory* Vol.29(2002).

Mark Lilla, *The Stillborn God: Religion, Politics, and the Modern West*(Vintage Books, 2008); 마크 릴라, 마리오 옮김, 『사산된 신』(바다출판사, 2009).

Michael Oakeshott, "The Moral Life in the Writings of Thomas Hobbes," *Hobbes on Civil Association*(Liberty Fund, Inc., 1937/1975).

Moowon Cho, "The Problem of Sovereign Succession in Confucian Ritual Controversy: Constitutional Thought of Reconciliation between Fact and Value," *Korean Studies* Vol.42(2018).

Richard Tuck, *The Sleeping Sovereign: The Invention of Modern Democracy*(Cambridge University Press, 2016).

Robin Douglass, *Rousseau and Hobbes: Nature, Free will, and the Passions*(Oxford University Press, 2015).

Sofia Näsström, "The legitimacy of the people," *Political Theory* Vol.35 no.5(2007).

Quentin Skinner, "Conquest and consent: Thomas Hobbes and the engagement controversy," *The Interregnum* (Palgrave, London, 1972).

# 우리를 바꾸는 우리

## 정치와 약속 탐구

1판 1쇄 찍음 2022년 11월 18일
1판 1쇄 펴냄 2022년 12월 9일

지은이 조무원
발행인 박근섭, 박상준
펴낸곳 ㈜민음사

출판등록 1966. 5. 19. (제 16-490호)
서울특별시 강남구 도산대로1길 62(신사동)
강남출판문화센터 5층(우편번호 06027)
대표전화 02-515-2000
팩시밀리 02-515-2007
www.minumsa.com

ⓒ 조무원, 2022. Printed in Seoul, Korea

978-89-374-9209-9 04300
978-89-374-9200-6 세트

■ 잘못 만들어진 책은 구입처에서 교환해 드립니다. ■